文庫版

理想《IDEAL》、の人生を現《REALITY》実にする方程式

清水保夫
Shimizu Yasuo

幻冬舎MC

はじめに――今回の出版にあたって

今回、2020年に開催される予定でした東京オリンピックがコロナパンデミックの広がりにより、一年延期される事態となったことはだれも予想できなかったことでした。しかしこうした最悪の状況の中、東京で無事オリンピックが執り行なわれたことは、奇跡に近いことであったと思います。そして世界中から集まったアスリートの皆さんの素晴らしい演技と熱戦の数々が衛星放送を通し世界中に流され多くの方々に感動を与えました。また今回、日本の若者が大活躍し多くのメダルを獲得されたことは、私たち日本人にも大きな夢と希望を与えてくれました。私も日本の若者の底力とひたむきな努力に感動した者の一人であります。前回、1964年に東京ではじめてオリンピックが開催されたとき私は小学校6年生でした。

当時は日本経済も高度成長期の真っ只中にあり、オリンピックを目指し羽田空港までの首都高速道路建設や新幹線の開通、宿泊施設としてホテルニューオータニのオープンなどオリンピック開催に向けて、あらゆる事業が同時に行なわれ活況を呈していました。

それは戦後の日本経済の大きな変換点でもあり、またこれまでの「ALWAYS 三丁目の夕日」のような風景から高層ビルが立ち並ぶ新宿副都心の朝日への移行とも言えたのではないでしょうか。

そんな戦後のベビーブームの終わりの世代に生まれ育った人間として、今の時代に生きている若い人たちに何かお伝えできないかと思いペンをとってみました。またこれは同時に自分の半世紀を振り返り気付いたことでもあり、学んだことでもあります。

私が、この半世紀のあいだ学んできたことで、皆様に是非お伝えしたいことは、あなたが思っていることは、それが良きにつけ悪しきにつけ、将来必ず実現するということです。この「思いは実現する」という考え方は、まだ日本ではあまり認知されていないように思います。しかしこれは真実です。

思いには力があり、毎日その人が考えていることがその人の将来を作っていく基本となるのです。大事なことは自信を持つことです。自信とは「志」と言ってもいいかもしれません。また情熱と言ってもいいかもしれません。

自信が持てるかどうか、それはあなたがより肯定的で、積極的で明るく物事を考え、自分の思いにしていけるかどうかにかかっているのです。

私には一歳上の姉がいます。私たち姉弟がまだ小学校に上がらない頃でしたが、私たちの家の近くにユダヤ人家族が住んでいました。その家族には私たちと同じ位の年齢の二人の兄弟がいて、姉はいつの間にかその兄弟と友達になり、時々家に招かれて一緒に遊ぶようになりました。姉は家族のみんなから気に入られとっても楽しそうでした。しかし姉が小学校に上がる頃、その家族は引っ越してしまい姉はとても悲しんでいました。そんなことがあったせいか、姉はいつか必ずアメリカに行き、世界を駆けまわる人間になりたいという夢を持つようになりました。

しかし私たちの家はそんなに裕福な家ではなく、父は小さな印刷会社の職人にすぎず、姉の夢を叶えるほどのゆとりはありませんでした。でも姉はその夢をあきらめず、英語の勉強は人一倍力を入れ学校の成績もよくなり、某旅行会社に就職することができました。そして姉の思いが実現する奇跡ともいえる出来事が起きたのです。

その旅行会社の得意先にはサムソナイト・コーポレーションというスーツケースでは有名なアメリカの会社があり、その会社の副社長は大変な日本人びいきで、アメリカの自宅で日本人女性に家事手伝いをしてもらいたいので「誰かいい人を紹介してほしい」と、あるときその旅行会社に依頼があったそうです。

その候補者として幸運にも姉の名が挙がり、ある日職場の上司から姉が呼び出されました。上司はその話を姉に伝えると姉は迷わずイエスと返事をし、念願のアメリカに行くことが決まりました。しかも奇遇にもその副社長の一家はユダヤ人であったのです。姉はその偶然の引き合わせを神に感謝していました。

しかしアメリカに行くとその仕事は結構ハードなものでした。毎朝5時に起き朝食の支度とベッドメーキングをし、朝食が終わったら部屋の掃除とプラントの水やりを済ませた後、夕食の支度をするまでの間、時間があるので、その時間大学に通うことを許されました。

大学の勉強も彼女にとってはかなりきついものでした。夕食の仕事を終えてから寝るまでの3、4時間、必死に勉強したそうです。そのかいあって姉はコロラド大学を見事に卒業し、おまけに10歳下のアメリカ人のボーイフレンドができ、日本に帰国したのち彼も日本にやってきて結婚しました。

日本では二人で英語塾を開きました。最初は自宅で数人の生徒を教えていました。しかし2、3か月すると近所で評判になり別の場所に英会話教室を開きました。幸運にも7年間でなんと生徒が150人になるほど大きくなりました（私もその教室で中学生に数学を教えていました）。

そして7年後に夫婦でアメリカのコロラドに戻り、家を購入し姉は大学院でPhD（博士号）をとり、コロラド大学で念願の教授になることができました。その結果、毎年行なわれるセミナーや学術会議などでアメリカ、ヨーロッパ、日本などを駆けまわることとなりました。夢のような話ですが、これは事実であり彼女の強い思いが夢の実現を可能にした話です。

私は今回この本を書くにあたって、日本の若い人たちに願うことは、是非とも自分の大きな夢を持ち、その実現をいつも思い描き、実現させていただきたいのです。そのためには現実の世界にあまりとらわれず、自分の世界観を広げ、有限の物質的世界から無限の精神世界に参入し、自分の思いは必ず実現すると信じ、その強い思いを持ち続け夢を叶えてもらいたいのです。それがあなたの人生大勝利へとつながる道だと思います。そのための方程式となる希望実現のための考え方を皆さんに学んでいただきたいと思っています。本書が皆様の夢の実現に少しでもお役に立てれば幸いです。

目　次

第3章 大いなる志をいだく

第4章 正しきものよ、強くあれ

第1章　考え方の傾向性を発見する

1. 愛の本質は与えること

無限の愛とは

愛の本質は与えることです。それはちょうど太陽の光とよく似ています。

太陽は、私たちに何の見返りも求めずに毎日毎日光を与えてくれています。実は愛も太陽の光のように私たちに生きる力を与えてくれる大いなる存在であるのです。そのことについては今の学校ではどの先生も教えてくれません。

これまで皆さんも、とっても気分がいいときや何かいいことがあったとき、幸せを感じると同時に自分は目に見えない存在から愛されていると感じたことはないでしょうか。すべての愛は、目に見えない大いなる存在から無償で与えられ、人間はこの地球の中で生かされているのです。

では無償の愛とは何でしょうか。それは見返りを求めない愛です。与えきりの愛です。それはちょうど母親が子供を育てるときに与えている愛とも似ています。与える愛は創造主の愛と共通しています。創造主という言葉はあまり皆さんになじみのない言葉だと思います。そしてすぐには理解できない言葉であるとも思います。

人間は人間として創られた

現代の人々はここ数百年の科学文明の進歩によって、科学的に証明できない神や目に見えない存在を否定するようになりました。その結果現代人の9割近くは、目に見えない創造主の存在が理解できなくなっているのです。

また人間の存在も神が創ったのではなく、ダーウィンの進化論に基づいて偶然の突然変異が重なってアメーバのようなものから人間に進化していったのだと教えられてきました。

それを真実のように考えている人が未だにたくさんいます。私たち人間はアメーバから進化して、偶然に偶然が重なって人間に進化してきた存在ではないのです。

学校教育の影響もあるのでしょうが、多くの人たちは、「アメーバが人間の先祖であり、そこから進化して人間になった」と考えています。

そういう人たちに対して、私は、「では、それを証明してごらんなさい」と言いたいのです。しかし、それを証明できた人などいません。

アメーバから人間になっていく途中のものが、もし生きて存在しているのなら、連れてきて順番に並べてみてください。「これがアメーバで、ここからがナメクジで、ここからがカタツムリで……」というように、人間まで進化する過程を見せていただきたいのです。その過程には、「途中のもの」、「変化中のもの」があったはずです。それは、今でも存在していなければいけないでしょう。ところが、今、存在している生き物は、〝すべて完成されたもの〟ばかりです。すでに完成された「種」しか存在していないのです。この意味が分からないでしょうか。

仮説に基づいて意見を述べるのは結構ですが、仮説はあくまでも仮説であって、真実ではないのです。それを忘れないでください。

（『信仰の法』大川隆法著、幸福の科学出版より引用）

ここで注目しなければならないのは、「いま存在している生き物は、〝すべて完成されたもの〟ばかりです」と述べられていることです。これは何を意味するかというと、すべての生き物は、完成された形で創られていて極端に変化することはないということです。

つまり人間は人間であり、ネズミはネズミであり、花は花であるということです。花が花以外の動物とか、人間にはなりえないのです。それぞれが完成した形で創造された存在であるということです。

すなわち、すべての物や生き物、この壮大な宇宙ですらそれを創った存在があるのです。その存在が創造主といわれるものなのです。

ニュートンのたとえ

それを説明する有名な話があります。物理の授業で聞いた方もいるかと思います。リンゴが落ちるのを見て万有引力を発見したニュートンが、この宇宙が偶然にできたものではないことを友人に証明した話です。

ある日、ニュートンの友達が家を訪ねてきました。その友人は神を信じることなく、宇宙も偶然が重なってできたと考えている科学者でした。彼がニュートンの家に入ると、そこには太陽と惑星と地球と月の精巧な模型がありました。それを見た友人がニュートンに言いました。「おいニュートン、この立派な宇宙の模型は、一体誰が作ったんだ?」そのときニュートンは言いました。

「誰でもない」。その友人はむきになって反論しました。「おいおい、誰でもないってことはないだろう。そんなことはあり得ない。誰かが作ったはずだ」

ニュートンは答えました。「おやおや、おかしなことを言うな。君はいつも僕に言っていただろう。人も宇宙も何人にもよらず、偶然の産物によってできたのだと。それなのに本当の宇宙に比べれば、はるかに単純ではるかに小さいこの模型が偶然にできることはあり得ないと言うのか？……」

かくしてニュートンは、神をも信じない友人に創造主の存在を承服させたということです。

愛は与えるものである

私たちは、この宇宙をも創造した大いなる存在から愛され、生かされているものであるということを知る必要があります。実はこれが皆さんの人生を大勝利に導く方程式を解くための最重要なファクターなのです。しかし、私たちは戦後の教育においてそのことは一切教わらず育ってきました。

生まれてきた子供は、そんなことは知らずに親から無償の愛をもらって育っていきます。にもかかわらず大きくなるにつれて友人や兄弟と引き比べ、その愛が少ないと言って、不満に思い、駄々をこねたり、人を羨んだり、時には親を恨んで「なんで私を、僕を、生んだんだ」と言う子もいます。

親にとっては本当に悲しいことです。しかし、それは本当のことが分からないから起きることなのです。誰にも教わってこなかったからです。

親は子供にもっと愛を与えたいと思っていても、経済的なことやいろいろな事情で子供に思うように愛を与えられないこともあります。そのとき、親は本当につらいのです。

しかしやがて子供も大きくなり、恋愛し、結婚し、子供ができ、子供を養うようになったとき、親の立場に立ったとき、親の苦しみや有難さが分かるときが来ます。子供は皆、自立するまで親から愛を求めます。

現代では大人になっても他人から愛を求める人も多くいます。その結果、いろいろな不幸や苦しみや絶望に襲われることも多くなります。それは「愛は与えるものである」という真実を知らずに生きてきたからです。

私たちは愛を創造主から無償で与えられ、愛され生かされてきた存在であるということを誰からも教わらず、知らないうちに愛はもらうものだ、中には他人から奪うものだと自己中心的に考え育ってきています。

そして多くの人は大人になってもその考えが抜けきれず、多くの葛藤を作り、悩み苦しみ、人の愛が理解できず本当の幸せをつかめなくなってしまうのです。

大切なことは愛は与えることだと知ることです。人から愛されたいと思ったら、まず自分から人に愛を与えることです。あなたが人に愛を与えたとき、たとえ今苦しくても、経済的に困窮していても、問題を抱えていても、愛を人に与えることにより、とっても幸せな気分になれるのです。

与えるものは与えられるのです。それが真実であるということを知ってください。それが創造主が人間に与えてくれた幸せになるための愛の方程式だということです。

2. ある若者の体験談

ここで「愛は与えるものである」という真実を知ることにより、今までの苦しみや悲しみを乗り越え、本当の幸せをつかんだ若者の体験談を、紹介したいと思います。

これは、突然の父の死に直面し、希望を失い、悩み苦しんだ末、あるきっかけで真実の人生観に目覚め、与える愛を実践し幸福な人生を歩み始めた、ブラジルの青年の体験談です。

突然の別れ

それは、青年が真実の人生観に目覚める3年ほど前のことでした。青年は父親と二人で暮らしていましたが、ある朝目覚めると、父親が家に戻っていないことに気づきました。不思議に思い父親の携帯にかけてもつながらず、会社に連絡しても、出勤していないと告げられました。知り合いに聞いてまわっても、誰も父親の居場所を知っている人はいませんでした。

彼は警察に捜査願いを出し、祈るような気持ちで連絡を待ち続けました。そして20日以上経った頃、警察から、父が事件に巻き込まれ、帰らぬ人になっていたことを告げられたのです。

突然の出来事に彼は呆然としましたが、彼の頭によぎったのは、父親と最後に交わした言葉でした。その日、父親はいつものように「出かけてくるよ」と彼に言ったとき、なぜか無性に父をハグしたくなったのに、彼はただ「うん」と答えただけで父親を見送ってしまったのです。

彼にはそれが父親と交わした最後の言葉となったことが、悔やまれて仕方がありませんでした。今はやさしかった父親の姿は見えず、他愛のない話で笑いあうこともできません。彼は寂しさに押し潰《つぶ》されそうになりましたが、父親がまだどこかにいるような気がしてなりませんでした。

真実への目覚め

父を亡くしてから、すっかり口数が減り、うつ状態になっていた彼のところに、ある日、仲の良い職場の同僚が声をかけてくれました。「今度スピリチュアルセミナーがあるんだけど、一緒に行ってみないか？」

彼は、そのセミナーに参加すれば、自分の心が癒されるかもしれないと思い、スピリチュアルな分野には、あまり関心はありませんでしたが、気分転換に参加してみることにしたのです。

セミナーには、20人以上の青年が参加しており、今まで学んだことのなかった愛の教えや精神世界について、また転生輪廻の思想などが語られていました。

今まで私がカトリックの教会で聴いていた愛の教えは、抽象的な「神への愛」が中心でした。しかしここでは、神から受けている愛を、周りの人々へのやさしい行為として具体的に実践する「与える愛」の大切さを伝えていました。この教えは、私にとって、とても新鮮に感じられたのです。……

人生の試練は自分を成長させるための機会であり、人生を終えて地上を去った後は、自分の心境に応じた霊界に還っていく。

学べば学ぶほど、納得がいきます。

（やっぱり父さんの魂は無くなっていない。あの世で生き続けているんだ！）

キリスト教では、詳細な霊界の様子や、転生輪廻の思想は説かれていないため、私は「人間は死後どうなるのか」がわかりませんでした。しかし、この教えに出合ってはじめて、「この世とあの世を貫く真実の人生観」をつかむことができたのです。

私は、父が不幸な最期を遂げたことに苦痛を感じていましたが、こうしたつらい経験も、すべて人生の糧に変えていこうと、前向きな気持ちに変わっていきました。

私と姉がまだ幼い頃、母が病気で亡くなりました。それ以来、父は働きながら、慣れない家事を一生懸命にこなし、私たち姉弟を育ててくれたのです。また、父は困っている人を見ると放っておけず、助けに行く優しい人でした。父はいつも、与える愛に生きていたのです。

（父さん、これからは僕が、父さんのように他の人に愛を与えて生きるよー）

与える愛の教えが、わたしのこころに真理の光を投げかけ、不幸の底から救い出してくれました。……

この教えによって人生が照らされ、どんどん幸せになっている周りの方々の姿を見るのが、私の一番の喜びです。（月刊『幸福の科学』361号より引用）

いかがでしたか。彼は父親の突然の死を通し、真理に目覚め、父親が自分に与えてくれた数々の愛に気づくことができました。またいつも与える愛の人生を送っていた父親に心から感謝できるようになったのです。

そして今度は自分が与える愛の人間になろうと決意し、それを実行し、「どんどん幸せになっている周りの方々の姿を見るのが、私の一番の喜びです」とまで思えるようになりました。与える愛の実践により、この世とあの世を貫く真実の人生観をつかんだ青年の素晴らしい体験談だと思います。

愛を与える人がいてこそ、人々は幸せになり豊かになるのです。それはちょうど経済でも言えることです。家族や社会のために一生懸命働く人がいてこそ、人々は豊かな暮らしができるのです。働かずお金を使うことばかりしていたらどうでしょう。社会は貧困と争いに満ち、人々は飢えに苦しみ、心も貧しくなり地獄のような世界になってしまうでしょう。

与える愛とは何か、人生の幸せとは何か、少し理解できましたか。この青年の体験談をヒントに、次は自分自身のことを考えてみましょう。

3. 自分の人生を振り返る「思い出ノート」の作成

幼少時の思い出

まず自分のこれまでの人生を振り返ってみましょう。やり方は簡単です。B5のノートを用意しましょう。次にノートを開き、見開きの左ページの上の欄に「幼少時の思い出」と書いてください。

「幼少時の思い出」とは0歳から6歳までの間です。小学生に上がるまでは、母親や家族から与えられたことばかりだと思います。生まれた頃、あなたが人に与えたことは無邪気な笑顔でほほ笑んだことぐらいだったかもしれません。

しかし親は、ミルクをくれたり、おむつを変えたり、泣きじゃくっているときにあやしてくれたり、大変だったことでしょう。

幼稚園に行く頃は、病気をしたり、怪我したり、駄々をこねたり、いろんなことがあったと思います。そんなことは本人はほとんど覚えていないかもしれませんが、楽しかったこと、うれしかったこと、時には悲しかったことなどはいくつか覚えていると思います。

ノートの書き方ですが、出来事についてはノートの左ページに書き出してみてください。そしてうれしかったとか、悲しかったとか、どういう思いであったかについてはノートの右ページに書いてみてください。

些細なことでもいいです。お父さんと散歩したとき握ってくれた手がとても大きく温かったとか、隣の犬にほえられて怖かったとか何でも思い出せることを書いてみてください。どうしても思い出せないときは小さい頃のアルバムを出してみてください。そうすればその頃の様子が少し蘇ってくると思います。

小学生の頃の思い出

それで一旦「幼少時の思い出」のページは終わりです。それが終了したらページをめくり「小学校低学年の思い出」のページを作りましょう。小学校に入った頃の楽しい思い出や懐かしい思い出が出てくると同時に、悲しかったり、苦しかった思い出も出てくると思います。それは小学校に入る頃から他の友達のことが気になるようになってくるからです。

つまりこの年代になると、他人との比較が始まってくるのです。着ているものとか、持っているものとか、住んでいる家とか、こうしたことがだんだん気になってきます。そして不満が出てきたり、不公平に思ったり、羨んだり、苦しみや悲しみや嫉妬心など心の苦しみのもとが芽生えてき始める頃です。そうしたいろいろな思いをノートに全部書き出してください。

次に「小学校高学年の思い出」に入ります。小学校高学年になると、異性のことが気になってきたり、友人との問題、学業の問題、進学の問題、家庭の問題など、いろいろなことがでてくる時期です。こうした中でいろいろな葛藤が出てきます。そうしたことも思い出せる限りすべて書いてみてください。

中学、高校時代の思い出

そして「中学校時代の思い出」、「高校時代の思い出」とそれぞれの時代の思い出をノートに書き出してみてください。特にこの時代には一人ひとりの人間との関係が非常に濃厚な時代になってきます。

思春期には自分の個性も芽生え、友人のことや異性のことにとても敏感になってくる時期でもあります。自分が人からどう思われているのか気になりだす頃でもあります。

それぞれの家庭環境の中で、親子の問題、兄弟姉妹の問題も出てくるかもしれません。

純粋であるがゆえに傷つくこともあります。また人生経験が未熟であるため誰にも相談できず、どうしたらよいかわからず迷い悩むことも起きてきます。また友人から感化されたこともあるでしょう。小説を読み、感激のあまり涙がこみあげてきたことも、映画を見て自分の知らない世界を知り感動したこともあったでしょう。そうしたことも素直にノートに書き出してください。

またその後、人生経験を積まれている方は20代、30代、40代、50代……と10年おきに年代を区切って思い出ノートを作成し、これまでの人生を振り返ってみてください。

そして今の時点までできた方は、この一年、一か月、一週間という区切りであなたに起きたことの「思い出ノート」を作ってみてください。日記のような感じで書かれても結構です。

この作業はこれからの自分の人生大勝利への方程式を作るための大事な資料となりますので、ゆっくりと時間をかけてこの「思い出ノート」作りに取り組んでください。

思い出を色分けする

そしてこの「思い出ノート」が出来上がったら、自分の思い出の中で、うれしかったとか、楽しかったとか、悲しかったとか、いろいろな出来事に対して自分がどのように感じたかをもう一度チェックしてください。

幸せに感じたことは赤鉛筆または明るい色のマーカーで囲んでください。反対に悲しい思い、苦しい思い、悔しい思いなどあまり良い思いではなかったことは青鉛筆か、別の色のマーカーで囲んでください。

自分の思いがどういう思いであるか、どういう傾向性を持っているかが色彩でわかるようになります。幼少時代の感じ方、思春期の頃の感じ方、そして年代を追っていくごとの感じ方の変化が分かるのではないでしょうか。

幼少時代には、比較的楽しい思い出、幸せな思い出が多かったのではないでしょうか。それに対しては感謝することが大切です。両親や周りの方が愛を与えてくれたことに感謝することです。そして年代が上がり自立するにつれ、受験や就職、結婚などいろいろな経験を積むようになります。

その中で喜びもたくさんあったと思いますが、苦しかったこと、悲しかったこと、友人や家族とのトラブルなどもあったことでしょう。そして嫉妬心、猜疑心、欲望、怒りなど様々な感情も出てきたのではないですか。またそれが今抱えている問題の原因となっているかもしれません。

そして皆さんの中には、その問題が、自分の力ではどうすることもできなかったこと、例えば台風や地震や突然の事故などによって被害を受けたり、大事な人を亡くしたとか、両親が離婚したとか、お父さんの会社が倒産し一家が離散したとか、自分の力ではどうにもできなかった体験をされた人もいると思います。

どうして自分だけがこんなに苦しみを背負わなければならないのかと思う人もいるでしょう。しかし逆に自分はとても苦しい経験をしたけれども、自分と同じような苦しみを経験した人の気持ちもわかるようになり、それを励みに逆境に負けず力強く生きてゆこうと決意した人もいるはずです。

いろんなことがこれまでの人生の中であったとしても、あなたに起こってきた問題は、あなたのこれからの人生の中で、とても大事な経験であったことを知ってください。あなたにしか味わえなかったその大事な体験や経験を、それがたとえ小さなことであっても、これからの人生に大きく影響してきます。それをどのように生かしていくかが問題なのです。

本物の自分との出会い

そのあなただけの貴重な体験や経験や思い出を、これからの自分の明るい未来創造のために使っていくことが大事です。そのために必要なのが、この思い出ノートです。このノートに書かれたことを通して、本物の自分と出会い、自分自身の本質とは何かを知ってもらいたいのです。

「他人というものがどうしても頭を離れないときは、まだ自分自身の本質に気づいていない。まだ本物の自分と出会っていない」ということを知らなければなりません。

結局、「世の中の人が素晴らしく見えること、自分以外の人が素晴らしく見えることが、自分を惨めにする」という境地は、まだまだ本物の自分というものにぶつかっていないということだと思うのです。

本物の自分というものに出会ったならば、多くの人が素晴らしく見えてきます。素晴らしく見えることの喜びを感じます。そこに自分の魂の飛躍を感じます。

すなわち、「自分以外の人のなかに少しでも美点を見いだし、その美点を自分の師としていく」という考え方のなかには無限の発展があるのです。
(『幸福の原点』大川隆法著、幸福の科学出版より引用)

皆さんはいかがでしょうか。私もそうですが、人の幸せな姿や、恵まれた環境の中で生きている人を見たとき、自分自身と引き比べ素直に喜べない心境になることがあります。しかし、人の喜びを自分の喜びとして感じられないときは、まだ本物の自分というものと巡り会っていないということです。

それでは、本物の自分と巡り会うにはどうすればよいのでしょうか。それには今の自分の考え方、感じ方を知るということです。そしてそれを本来の自分の考え方、あるべき姿に変えてゆくことなのです。

そのために必要なのが、今回あなたが作った、あなたにとってオリジナルの「思い出ノート」であり、それを使ってあなた独自の「人生大勝利の方程式」を作ることなのです。

4．自分の考え方の傾向性を発見する

あるべき姿とは

本来の自分の考え方、あるべき姿とはどういうものでしょうか。以前私は、この宇宙も、この地球も、そして人類も偶然にできたものではなく、それを創られた創造主がいるということを皆様に申し上げました。すべてのものを創られたときの創造主の念《おも》いは、どういうものだったでしょうか。それは、「すべてのものよ、善くあれ」という念いだったのです。

その善き念いとは、どういうものでしょうか。それは、人から常に与えてほしい、何かしてほしいと思うのではなく、人に何かを与えることによって自分も幸せを感じる、「与える愛」を実践しようとする思い、そしてすべてのものに善きものを感じ、「感謝する」思いなのです。

その反対の思いは何でしょうか。それは、ねたみ、そねみ、感情や本能に基づく怒り、愚痴、足ることを知らない心、不平不満、悲観的な心、消極的な心、優柔不断、臆病、怠惰な心、自己嫌悪、うらみ、にくしみ、のろい、情欲、自己顕示欲、利己主義、毒舌、二

枚舌、躁うつ、酒乱、暴力、排他主義、嘘、いつわり、唯物主義、無神論、孤独、独裁主義、金銭欲、地位欲、名誉欲、不調和。これらは創造主の念いに反するものです。

こうした思いが出てくると、本物の自分からだんだん遠ざかってしまいます。本物の自分は創造主の念いそのものです。本物の自分に近づいていくためには、自分の中で、どういう思いが出やすいか、それをチェックすることが大切です。そのチェックを、これからあなたの「思い出ノート」を基本にやっていき、あなたの考え方の傾向性を発見しましょう。

心には力がある

あなた自身の考え方の傾向性を発見することは、これからあなたが自分独自の「人生大勝利の方程式」を作るためにとても重要になってきます。人の考え方や感じ方はそれぞれの人によって異なるものです。人は、同じことをしてもそれぞれ違った感じ方をします。

ではなぜ人には考え方の違いがあるのでしょうか。この真実は学校では学ばなかったと思います。

この真実とは、人の生命は、おぎゃーと生まれて死ぬまでの、一回きりのものではないということです。人は永遠の生命、別の言い方をすると永遠の魂を持っているのです。「魂は不滅である」という言葉を皆さんも聞いたことがあると思います。それは本当なのです。人は自分の魂を磨き、向上させるために何回も何回も生まれ変わってきている存在なのです。最近はテレビや映画でも、過去世を取り上げたものがあります。これは単なるフィクションではありません。実際に人にはそれぞれ過去世があるのです。カルマの刈り取りという言葉も聞いたことがあると思います。これは過去において犯した罪を今世で清算することです。

人は永遠の生命を持ち、何回も何回も生まれ変わり魂修行をしている存在なのです。違った時代に、違った場所で生まれ、その中でいろいろな経験や体験をしながら、魂の向上を目指し生まれ変わっている存在なのです。

魂の向上は、自分の魂を創造主の念いに少しでも近づけていこうとする思いと行動の中にあります。創造主の念いは、愛と慈悲の念いです。

そして善きものを創り出し、それを広げていく創造の念い、発展繁栄の念いです。それは無限の愛であり、無限の富を引き寄せる心でもあります。

心は磁石です。心には力があるのです。どういう心を持つと、どういうことが起きてくるか、それを理解することがとても大事です。「心には力がある」ということについては、どの学校でも教えていないことです。それはあなたの人生を大勝利へと導く、大切な考え方なのです。

考え方の傾向性をつかむ

あなたの人生は今回が初めてではないということを学びました。あなたの考え方はこれまで何回も何回も生まれ変わってきて培ってきた考え方なのです。

あなたは多くの転生の中で、様々な経験を積んできたはずです。その中には素晴らしい経験もたくさんありますが、一方、心に深い傷を負い、それを癒せず、まだ引きずっていることもあると思います。

良きにしろ悪しきにしろ、そうした多くの経験が今のあなたの考え方の傾向性として現れてきているということを知ってください。

次にあなたが自分の考え方の傾向性を少しでも発見できたら、それを今よりもさらによくしていこうと思うことです。プラスの考え方をすれば、プラスのことが起こり、マイナスの考え方をすれば、マイナスのことが起こります。これは原因と結果の法則であり、大宇宙の法則でもあります。

例えば、自分は必ず成功するといつも考えている人には、成功がやってきます。逆に成功を考えていない人には、成功はやってきません。これは大宇宙の法則だからです。すなわち、あなたの考え方の傾向性があなたの未来を決める原因となってくるのです。

エジソンは考える習慣を持っていた

ここで、皆さんがよく知っている、発明王エジソンの例を挙げてみます。

エジソンが生涯で獲得した発明はおよそ1300にも及び、それは前人未到の数であります。そして彼の伝記は、世界各国で1000種類を超えるほど出版されています。発明の天才と言われたエジソンは、「あらゆる進歩、あらゆる成功は、自分の頭で考えるところから湧き出てくる」（All progress, all success, springs from thinking.）と言っています。（『The diary and observations of Thomas Alva Edison 』Dagobert D. Runes著 Ergodebooksより）

つまり、成功は考え続ける努力から生まれるということです。

エジソンにとっては、「考え続ける」ということが、彼の考え方の傾向性であったと言えます。そうであったからこそ、エジソンは生涯に亘っていくつもの成功を成し遂げることができたと言えます。良き考え方の傾向性は、それを習慣化することによって、成功の土台となります。エジソンはこのように述べています。

考える習慣を身につけていない人は、人生のいちばん大きな楽しみを見過ごしている。最高に偉大な楽しみを失っているだけでなく、自分自身を本当に脱皮させることができないのだ。それでは、自分の中に隠されている潜在的可能性をも引き出せなくなってしまう。あらゆる進歩、あらゆる成功は、自分の頭で考えるところから湧き出てくる。もちろん、集中した思考のほとんどが、新しい問題を解決できるわけではない。私でも、何か一つのことを完成させようと思ったら、通常5年から7年の時間がかかる。ものによっては、25年間ずっと考え、実験を繰り返し、まだ完成していないものもある。私の場合、平均するとだいたい7年ぐらいで一つのものを完成させている。白熱電球の場合、いちばん時間がかかって大変だった。炭化フィラメントを使って電球を作る作業は、集中して考えなくてはいけなかった。同時に、素材を求めて世界中に人を送り出して、京都の竹を含め、いろんなものを集めてきた。

蓄電池の場合には、8年かかった。蓄音機には、もっと時間がかかっている。（『未来を創るエジソン発想法』浜田和幸著、幸福の科学出版より引用）

私たちには考えられないような長い時間、エジソンは一つのことを考え続けてきました。この考える習慣を身につけ、考え続けることによって成功を手にすることができたのです。

そして物事をいろいろな角度から考えることもとても大切なことです。若いときは感性は豊かですが、人生経験はあまり多くはありません。それゆえ物事を一面的にとらえ間違った判断をしてしまうこともあります。

しかし考える習慣を身につけることで、物事をいろいろな角度から考えることができるようになるのです。その中で正しいやり方がふっと頭に浮かんでくることがあるのです。それが「あらゆる進歩、あらゆる成功は、自分の頭で考えるところから湧き出てくる」ということだと思います。

「思い出ノート」を活用する

私たちがこれから取り組んでいかなければならないことは、「思い出ノート」の中で自分に起きてきた様々な出来事を思い浮かべることです。

そしてそれを自分がどう感じ、どのように思ったかをじっくり考えてみることです。それを考え続けている中で、自分の考え方の傾向性が少しでも見えてきたら大成功です。それをしっかりノートに書き留めておきましょう。

そして自分の考え方の傾向性が見えてきたら、その中から良きもの、自分の長所を見つけることが大事です。しかしたとえ良きものや長所が見あたらなくても落ち込まないでください。短所と見えしものも長所となるからです。

もしあなたが自分を非常に臆病な人間であると感じ、それが自分の短所だと思ったとしても、他の人から見ればあなたはとても注意深い人間であると評価するかもしれません。臆病であることは、逆の意味では他の人よりも危険を察知する能力があるという長所にもなるのです。

このことを裏付ける有名な話があります。武田信玄という戦国時代の名将を皆さんはご存知だと思います。信玄公は「人は城、人は石垣、人は堀」という歌を詠み、人を大切にし、人の才能を見抜くことのできた人でした。

彼の家来で大蔵左衛門という根っからの臆病者がいました。合戦に行く前に目を回し、気を失ってしまうほど臆病だったそうです。そんな家来の性格をじっくり考え、信玄公は彼を呼び寄せ隠目付けの役を与えました。そして「いいか、家中で起こる悪事やうわさなど、なんでもいいから良く見聞きしてわしに報告せよ」と命じたのです。それ以来、臆病者の大蔵左衛門は城主のお役に立てるよう自分の才能を存分に発揮し働いたため、以後家中の秩序はより引き締まったということです。

またこんな話もあります。皆さんは車を運転するときカーナビをよく利用すると思います。実はこのカーナビのシステムをより機能的にした人は、方向音痴で悩んでいた人だったそうです。車を運転するといつも方向を間違え迷ってしまうため、何か迷わずに目的地に行ける良い方法はないかと必死に考えていた人だったということです。

自分の長所を伸ばすことはとても大切なことですが、自分の短所をあまりマイナスに考えず、もっとポジティブに考えることも大切です。それを可能にするのは思いの力であり、心の力です。あなたがもし自分の短所やマイナスの傾向性に気づいたら、それを素直に認め、少しでも直していこうと努力することです。素直さも良き傾向性であるからです。

そしてこの「思い出ノート」を活用する中で何よりも大切なことは、自分に対して否定的ではなく肯定的になり何か気づきを得ることです。その気づきはあなたの人生の大切な宝となることでしょう。

自分を見つめ考える中で些細なことでもいいですから、何か良いことに気づくことができる自分となっていきましょう。そしてそれを習慣とすることであなたの人生は大きく変わっていくはずです。きっと新たな人生の可能性を切り開いていくことでしょう。

第2章　人生大勝利への方程式

1. 良き考え方の習慣を作る

自分の考え方の傾向性の発見

では、皆さんに「人生大勝利への方程式」を10ほど掲げてみたいと思います。その1番目は、「良き考え方の習慣を作る」ということです。これまで皆さんが作られた「思い出ノート」を、もう一度開いて読み直してください。その中から自分の考え方の傾向性を発見してもらいたいのです。

ある出来事に対して、自分はどのように感じ、どのように思ったか。同じ出来事でも、人によって感じ方は違います。そこにその人の考え方の傾向性が現れてくるのです。物事を悲観的に考えたり、楽観的に考えたり、また積極的に考えたり、消極的に考えたり、プラスに感じたり、マイナスに感じたり、いろいろな考え方、感じ方の傾向性があります。あなたの場合はどうであるかを発見していただきたいのです。

あなたが、どういう考え方の傾向性を持っているか、それを知ることがとても大事なのです。もしマイナスの考え方の傾向があると思ったら、それをプラスに変えるよう努力し、プラスの考え方をしていると感じた方は、それを継続して出せるよう努力してください。そしてそれを続けることが大事です。そうすれば必ず、一か月後、三か月後、半年後、一年後、あなた自身に、またあなたの周りや環境に変化が出てきます。

まず続けようと思うことです。思わなければ何も変わりません。心には力があると言いましたが、思いにも力があるのです。これも学校では学ばない大事なことです。思うことが実現するということを忘れないでください。

プラスの考え方を習慣化する

次にやっていただきたいことは、プラスの考え方を習慣化することです。良き思いを出すことは、プラスの考え方です。では良き思いには、どういう思いがあるでしょうか。それは、愛・慈悲・思いやり・親切な心・勇気・智慧・正直さ・勤勉・心の平静・祝福の心・ありがとうの心・陽気さ・努力・信仰心・祈り・豊かさ・寛容さ・とらわれのない心・良き言葉・同悲同苦・正義・向上心・発展・健康な男女関係・健全な家庭・忍耐・不動心・意志の強さ・希望・おおらかさ…などがあります。

あなたの心の中にある良き思い、プラスの考え方は何でしょうか。その思い、考え方を持ち続け、習慣化してください。あなたの未来は必ず明るく開けていくでしょう。

一方、マイナスの思いには、どういうものがあるかというと、それは愛を妨げる思いです。前にも書きましたが、ねたみ、そねみ、感情や本能に基づく怒り、愚痴、足ることを知らない心、不平不満、悲観的な心、消極的な心、優柔不断、臆病、怠惰な心、自己嫌悪、うらみ、にくしみ、のろい、情欲、自己顕示欲、利己主義、毒舌、二枚舌、躁うつ、酒乱、暴力、排他主義、嘘、いつわり、唯物主義、無神論、孤独、独裁主義、金銭欲、地位欲、名誉欲、不調和…という思いです。

これらは、自分を守ろうとする心、他人を攻撃する心、自我我欲の思いから来るものです。自己中心的な思いと言ってもよいでしょう。

人間には誰しも動物的本能があります。それは自己防衛的本能です。動物は、食べるか食べられるかの世界、弱肉強食の世界で生きているため、防衛本能と繁殖本能が強いのです。人間にも、こうした本能が強い人がいます。しかしこうした本能のままで生きていくと、不調和をもたらし発展することはできません。

創造主が人間に与えてくれたものは、愛の心と発展するための智慧と創造力です。これは人間が人間としていられる大きな宝です。これがなければ人間は動物と同じか、それ以下の存在になってしまうでしょう。そして人間は、この大切な宝を生かすことによって、マイナスの思い、考え方をプラスに変えることができるのです。

ネルソン・マンデラの名言

皆さんは、南アフリカで初めて民主的に選ばれた大統領で、ノーベル平和賞の受賞者でもあったネルソン・マンデラ氏をご存知でしょう。マンデラ氏は2013年12月5日に95歳で亡くなりましたが、南アフリカの人種隔離政策（アパルトヘイト）に反対し闘争活動をしていたため、1964年から1990年までの27年間を、刑務所で過ごしました。

彼は民主的で自由な社会を築くという理想を大切に、約27年間の獄中生活の中でも愛と勇気と忍耐、そして希望を失わず不動の心で釈放されるまで頑張り、その後大統領に選ばれ、調和の精神と愛の心で見事南アフリカの民主化を成し遂げました。彼こそ創造主から与えられた、愛と調和と発展の心を持ち続け、心の中に希望の光を失わず、良き考え方を貫き通した人です。

「我々が自らの内にある光を輝かせるとき、無意識のうちに他の人々を輝かせることが出来るのだ」(『ネルソン・マンデラの名言・格言集』https://iyashitour.comより引用)

マンデラは、このように言っています。良き考え方を常に持ち続け、それを習慣化することで自らのうちに光り輝くものが出てきて、それが多くの人に伝わり、無意識のうちに他の人をも輝かせることができるということです。

私たちが良き考え方を習慣化することで無意識のうちに他の多くの人々へも影響を及ぼすことができるのです。これこそ「与える愛」の実践ではないでしょうか。

2. 持続させる意思を持ち、時間に耐える

最後まであきらめない

「人生大勝利への方程式」の2番目は、「持続させる意思を持ち、時間に耐える」ことです。

これは多くの成功者に共通して言えることですが、最後まであきらめないということです。そのためには、不動の信念に支えられた願望（目的）を持つことが必要です。この不動の信念に支えられた願望（目的）を持つことで発明王トーマス・エジソンの共同事業者となり自分の夢を叶えたエドウィン・C・バーンズという人がいます。

バーンズの願望は非常に明確でした。それは発明王トーマス・エジソンの共同事業者になること。しかもエジソンに使われるのではなく、対等の立場で働くことでありました。それを決意しニュージャージー州のイーストオレンジにあるエジソンの研究所にはじめて彼が行ったとき、その姿はまるで浮浪者のようであったそうです。しかしエジソンの共同事業者になりたいというバーンズの燃えるような願望は本物でした。

バーンズは、はじめてエジソンに出会ったとき「エジソンさん、私はあなたと共同で事業を行ないたくて、こうしてはるばるとやってきました」と言ったそうです。

バーンズの不動の信念は、彼の顔にも表れていたようでエジソンは彼を採用しました。最初は安い賃金でバーンズは働いていましたが、その不動の信念は変わることはありませんでした。そんな彼のもとに大きなチャンスがやってきました。

チャンスはいつも意外なところからやってくるという皮肉な習性がある。チャンスはまた、不運とか一時的な敗北の影に隠れてやってきたりもする。したがって、このチャンスを見逃してしまうことも多いのである。

エジソンはその頃、「エジソン式蓄音機」と呼ばれた新製品を完成したばかりだった。ところがエジソン研究所のセールスパーソンたちは、この新製品に対してほとんど熱意を示さなかった。というのも、よほど努力しないと、この製品は売れないと決めてかかっていたからだ。そのとき、バーンズは自分にチャンスがめぐってきたと感じた。エジソンの蓄音機が売れることを確信していたのである。

実際この製品は、飛ぶように売れていった。あまりにも売れたので、エジソンは彼との間でその製品の全国独占販売契約を交わすことになった。（中略）

バーンズは、その考えを持ち続けることによってエジソンの共同経営者となることができた。その上、なおいっそうの莫大な富も手に入れたのだ。彼が最初に持っていたものは、明確な願望とそれを達成するまでは決してあきらめないという固い決意だけだった。（『思考は現実化する』ナポレオン・ヒル著、きこ書房より引用）

バーンズは本気でエジソンの共同経営者になろうと思っていました。そしてその願望は残りの人生のすべてを賭けてもやり遂げると決意していたのです。彼のこの不動の信念は、彼の人生の目標を達成させる強い意欲（モチベーション）となったことは確かです。そして最後まであきらめない心が幸運を引き寄せたと思います。

自分を信じ、時間に耐える

あなたの心の中にも、必ず願望（目標）があるはずです。それを見つけることが大切です。それをなかなか見つけ出せないで、迷っている方もいるかもしれません。しかしそれは、あなたが忘れているだけなのではないでしょうか。もしかしたらあなたの幼い頃の記憶の中に、隠されているかもしれません。

実は、すべての人はこの世に生まれてくる前に、今度生まれたらこういうことをしよう、ああいうことをしようと計画を立てて生まれてきているのです。しっかりとした目標を立てて生まれてきているのです。信じられないかもしれませんが、これが真実なのです。これも学校では、学ばないことです。

それぞれの人が、自分の魂を磨くための目標を立て、それを達成することを使命（ミッション）として生まれてきているのです。先ほどのエドウィン・C・バーンズも、本人は気が付いていなかったかもしれませんが、今回エジソンの共同事業者となって彼の大事業を成功させ、多くの人々を幸福にするというミッションを持って生まれてきたのではないでしょうか。

自分の目標を実現するためには、自分を信じ、決してあきらめず、時間に耐えることが必要です。アメリカの女優でアカデミー賞を取ったエマ・ストーンという方がいます。彼女は、何度も何度もオーディションを受け続け、時間に耐え、チャンスをつかんだ女優です。

彼女は映画「ラ・ラ・ランド」（2017年日本公開）でアカデミー主演女優賞を受賞しましたが、その映画には、彼女の若い頃の体験が重なっていると言われています。映画にも、コーヒーショップの店員をしながら女優を目指しているようなシーンが出てきていたと思いますが、エマ・ストーンにも、オーディションを百回受けても通らないような時代があったそうです。

今はブレイクして、「世界で最も稼いだ女優」などと言われている人でも、そういう時代はあったのです。(中略)「自分を信じる心」がなければやっていられないでしょう。

(『創造的人間の秘密』大川隆法著、幸福の科学出版より引用)

成功できない人の中には、自分を信じられない人が多くいます。どんなに頭がいい人でも、そういう人はたくさんいます。物事を悲観的に考えたり、否定的にとらえる人は、明るい未来を考えることができません。人に対しても悪いところが目につき、不平不満が出てきたり、不信感を抱き始めます。

人を心から信じることができなくなると、自分をも信じることができなくなってしまいます。何故このようになってしまうかというと、自分を信じられない人は、本当の喜び、魂が打ち震えるような喜びを感じたことがないのです。無感動の人生を生きているのです。

感動することで人の魂は成長します。魂の成長は、その人に夢と希望を与え、やる気を起こさせ、自信をもたらします。魂の喜びを感じることによって、人は人生の目的を発見することができるのです。そして他人と喜びを分かち合えるようになると、他人の気持ちが理解できるようになり、他人の苦しみや悲しみも分かるようになってきます。

人間は他人の気持ちがわかるようになると、他人を信じることができるようになります。そしてそれは自分を信じることにもなってくるのです。自己信頼、自分を信じるということそのものが、実は魂の喜びでもあるのです。人間は、自分を信じることによって、あらゆる困難、苦難に耐え、時間にも耐え、本来の目的を達成するための意思を持続させることができるのです。

「人生大勝利への方程式」の2番目の、「持続させる意思を持ち、時間に耐える」ということは、「自分を信じる」ということから始まり、人生の目標を達成することにより、最終的にそれが魂の喜び、魂の成長になるということであります。

3．自分自身を信じる。創造主の力を信じる

信じることの大切さ

「人生大勝利への方程式」の3番目は、「自分自身を信じる。創造主の力を信じる」ということです。

「自分自身を信じる」ということは、2番目の方程式にもつながるファクターですが、ここでは「自分自身を信じる」ことの大切さをさらに深く考えてみたいと思います。

皆さんは、この大宇宙も、この地球も、そして私たち人類をも創った創造主がいるということを知りました。そんなことは信じられないと、まだ思っている方もいるかもしれません。信じられないということは、それを疑っているか、否定していることでもあります。

現代の科学者も、実証できないものは認めないという考え方です。しかしこれは非常に悲しい考え方です。

実証できなくてもあるものはあるし、事実は事実、真実は真実なのです。極端に言えば、〝人間がどうやってできたか実証できないから、人間の存在は認められない〟というのと

同じことです。

中世の人々は、地球が丸いとは思っていませんでした。また地球が自転しながら太陽の周りをまわっていることも信じられませんでした。しかしそれを信じる者がいて、彼らは命がけでそれを実証しました。１４９２年にコロンブスが西インド諸島に到着し、１５２２年にマゼランの率いた艦隊（マゼラン自身は１５２１年に死亡）が世界一周を成し遂げたことにより、地球が丸いことが実証されました。

以後歴史は大きく変わってきました。信じることにより、新しいことは起きてくるのです。疑いや不信の前に進歩や発展はないのです。自分の殻を打ち破り、勝利の道を歩もうとするならば、信じることの大切さを知ることです。それが新しい道を切り開く、第一歩となるのです。

創造主の力

皆さんは、宇宙のことを考えたことがあるでしょうか。この宇宙空間がどれくらい広く、計り知れないものであるかを想像したことがあるでしょうか。この地球から一番近いとされる星座にケンタウルス座があり、そのα星まで約４光年（光の速さで約４年）かかります。夏の夜空に輝く琴座ベガまで約25光年、銀河鉄道終着駅のアンドロメダ銀河までは約230万光年かかります。さらに何億光年も離れた銀河もあります。こうした銀河が何兆個も集まり、一つの球体を作っているとのことです。皆さんは、この大きさを想像することができますか。

この無限に広がる宇宙空間の大きさを考えたとき、人間の存在はいかに小さなものでしょうか。大きさにもこれだけの違いがあるのです。これを考えたとき、人間の力と創造主の力の差が、どれほどのものかということが、お分かりになると思います。

この大宇宙をお創りになった創造主の力、愛の力は無限大です。その創造主の愛の力で、私たちが創られたのであるならば、私たちの心の中にも愛の力があり、それは無限の力なのです。それを信じてください。

信じる力

自分自身を信じるということは、自分自身の中にある愛の力を信じることでもあります。ですから自分自身を信じることができる人には、創造主と一体となり、創造主の無限の愛の力を宿すことができるのです。それによってすべての物は解決されます。すべての苦しみは無くなり、病の苦しみからも、経済的な苦しみからも解放されるのです。

エジソンの共同経営者となったバーンズも、信念を持って、一つの考えを強く持ち続ければ、必ず金持ちになれると信じていました。信念を持つこと、信じるということ、そして信じる力がいかに大切かということを、是非とも心の中でその意味を理解してください。

まだ、「信じる力」の本当の意味を分かっている人はそう多くないかもしれませんが、「信じる力」とは、心のなかの気休めだけではありません。

「信じる力」というのは、本当に物理的な力を持っており、この世において生きる上で各人の道を妨げているものを打ち破り、貫いていくだけの力があるのです。

現代では、知識人といわれる人の中には、不可知論を唱えて、「この世の中について、本当のことなど分からない。神様など分からない。この世の始まりも分からない。霊など分からない。霊界など分からない」と言うような人が大勢います。そうした不可知論の人々、信じられない人々の山のなかを、トンネルのごとく、くりぬいていく力が、「信じる力」なのです。

この「信じる力」をレーザー光線のように結集していけば、どのような山でもくりぬくことができます。

今こそ、そういう時が来ていると思うのです。（『信仰の法』大川隆法著、幸福の科学出版より引用）

皆さんには、もっともっと自分自身を信じ、「信じる力」でマイナスの自己像から脱出してもらい、明るい未来を築いていただきたいと心から思っています。

4．自分の資産を見直す

目に見えない資産

「人生大勝利への方程式」の4番目は、「自分の資産を見直す」ということです。

資産というと普通は、目に見える資産、お金や有価証券、土地、建物、車、什器備品などを言いますが、しかし目に見えない資産もあります。それは会社や家庭、学校や地域社会の中にある人間関係です。

１９２７年から１９３２年にかけて、アメリカのシカゴ郊外で行なわれた有名なホーソン実験というのがあります。それは「職場の物理的な環境条件が、生産性にどう影響するか」という実験でした。

当時アメリカの企業家や学者は、工場を科学的に管理し生産性を高める方法、従業員を効率的に管理する方法を考えていました。ホーソン実験では、職場の作業環境や、作業時間、休憩時間などいろいろ変えて、それが生産性にどう影響するかを実験したのですが、その結果は職場の物理的な環境条件と生産性とは、関連性がないというものでした。

つまり、事前の予測とは異なり、いくつかの実験を重ねていくうちに、「生産性の向上には、物理的側面より人間的側面が重要である」ということが分かったのです。これをもとにアメリカでは、人間関係論が生まれてきたのです。

経済学者の中には、会社の資産勘定に人的資産勘定を入れなければならないと唱える方も出てきました。それは、職場の人間関係が良好なところは、ミスも少なく、効率も上がり高い付加価値を生むからです。これは学校においても言えると思います。人間関係がうまくいっていて、活気のあるクラスといじめや暴力で学級崩壊しているクラスとでは、当然教室での授業態度も異なり、学力にも差が出てきます。

人間関係は、目には見えなくても大きな資産となるのです。では、人間関係を良くしていくには何が必要でしょうか。それは、お互いに相手を思いやる心、理解しようとする心、助け合う心、許す心、愛の心です。

愛の心があれば、職場もクラスも明るくなり、コミュニケーションもよくなり、陰湿ないじめもなくなり、ミスや失敗があっても、人を責めることなく皆でカバーしようとします。その結果、売上も上がり成績もよくなります。いろいろな意味でいい循環が出てきます。一方、愛のない職場やクラスは、修羅場と化し、売上も落ち、学力も下がってくるでしょう。

ですから、愛の心は最大の資産であると言えます。愛の心があれば、人々が喜ぶものを創り出す知恵もわき、素晴らしい発明もなされます。洗濯機や掃除機、映画やテレビ、自動車や飛行機なども多くの人々が喜んでくれるようにという、愛の心で発明されたものなのです。ウォルト・ディズニーも、愛の心で世界中の子供たちに夢を与えました。愛の心は、人々に夢と希望を与える大きな資産となるのです。

自分にある資産を発見する

次にあなたにとって大切な資産は、健康です。若い人は、健康についてはあまり重要に考えていないかもしれませんが、病気やケガをして自由を失ったとき、健康であることの大切さが分かると思います。

健康を維持するために大切なことは、十分な睡眠と、バランスのいい栄養、そして規則正しい生活、適度な運動です。若いときは、とかく無理をしたり、暴飲暴食、不規則な生活をしたり、肉体を酷使したりしがちです。しかし人生は長いのです。先々のことを考えて、健康管理を心がけてください。健康も大きな資産です。

その他、あなたの中には、たくさんの資産があります。知恵も資産です。明るさ、陽気さ、積極性、勇気、行動力、素直さ、正直、笑顔などもそうです。そしてあなたの兄弟、姉妹、家族、友人、先生や先輩、後輩、すべてはあなたにとって大切な資産です。

もしあなたが、人生で失意の中にあるとき、つらいとき、苦しいとき、夢も希望も失ったときには、自分にはたくさんの資産があることをもう一度思い出し、勇気を出して、気力を出して、チャレンジしてみてください。道は必ず開けます。

新たな資産を創り出す

もう一つ大事なことがあります。それは新たに資産を創り出すということです。これも学校では習わないことだと思います。それはマイナスからプラスを生み出すこと、負債を資産に変えるということです。D・カーネギーの著書『道は開ける』の中で、レモンをレモネードに変えた農夫の話があります。アメリカではレモンは、すっぱくて役に立たないものという意味で使われます。つまり役立たないものを役立つものに変え、新たな資産を創り、地域を豊かにした人の話です。

私はかつて、毒入りレモンをさえレモネードに変えることができた幸福な農夫をフロリダにたずねたことがある。最初に彼がこの農場を手に入れたとき、すっかり気落ちしてしまった。土地はやせ細っていて、果樹の栽培も養豚も不可能だった。そこで栄えているのは小さなナラの木とガラガラ蛇だけであった。そのとき彼に名案が浮かんだ。この負債を資産に転換すること、つまりガラガラ蛇を最大限に利用することだった。まさに奇想天外だが、彼はガラガラ蛇の肉を使ってかん詰めをつくり始めたのである。数年前に私が行ったときも観光客が訪れていたけれども、このガラガラ蛇農場の見物人は年間二万人にのぼるという。彼の事業は隆盛をきわめていた。毒へびの牙から採った猛毒は各地の研究所に送られて抗毒剤がつくられている。蛇の皮は婦人靴やハンドバッグの材料としてたいへんな高値で取引きされていた。肉のかん詰めは世界中の愛好者のもとへ積み出されていた。私はそこで絵葉書を買い求めて村の郵便局で投函したが、村の名は「フロリダ州ガラガラ蛇村」と改称されていた。村が毒入りのレモンを甘いレモネードに変えたこの男をたたえるためにしたことだ。（『道は開ける』　D・カーネギー著、創元社より引用）

負債を資産に変えるには、逆転の発想ともいうべき知恵が必要ではありますが、人は不利な立場に立たされたとき、知恵を絞って考え、新しい方法を考え出すことができるのです。また植物も、やせた土地に生えている樹ほど、栄養分を吸収する力が強く、その果樹も多くの栄養を含んでいると言われます。運命があなたにレモンをくれたなら、それからレモネードを作ることを考えることが大切です。逆境は、新しい資産を作るための良き肥やしとなるという考え方を、「人生大勝利への方程式」として覚えておいてください。

5. 自信を育てる

「人生大勝利への方程式」の5番目は、「自信を育てる」ということです。

「自信を育てる」ことに関してノーマン・V・ピールは、次の10項目を挙げています。

1. 「常に〝成功〟を思い描く」
2. 「肯定的なことを口にする」
3. 「問題を深刻に考えない」
4. 「他人と比べて落ち込まない」
5. 「言葉の力を活用する」
6. 「劣等感の原因を探す」
7. 「魔法の言葉を10回読む」
8. 「自分を10パーセント増しで評価する」
9. 「力はすべて受け取っていると信じる」

10．「神から力を受け取っている」

（『新訳 積極的考え方の力』ノーマン・V・ピール著、ダイヤモンド社より引用）

私はこの10項目を題材に、「自信を育てる」ということをさらに自分なりに参究してみました。これは後でも申し上げますが、自信を育て、自分を心から信じられるようになることが、人生大勝利への王道だと思うからです。

潜在意識を活用する

1の「常に〝成功〟を思い描く」ということは、自分が成功している、あるいは成功するイメージを常に持ち続けることが大切で、そうすることで成功が実現するということだと思います。

人間には潜在意識というものがあります。これは、いつも日常生活や仕事や忙しいときに使っている意識（顕在意識）ではなく、一人一人の心の奥にある日常的には隠された意識です。心が落ち着いて、穏やかな気分のときに出てくる意識です。

この意識は、何も考えていないときやリラックスしているとき、夜、眠りにつくときや、お風呂やトイレにいるとき出てくる意識でもあります。この意識の中に、自分が成功している姿や成功して喜んでいるイメージを毎日入れていくと、必ずそのようになってきます。

しかし、潜在意識は非常に素直で、正直な意識ですので、潜在意識に嘘をつくことはできません。○○さんと友達になりたいと思って、潜在意識の中に入れようとしても、心の中では○○さんは苦手だとか、○○さんのあの部分がきらいだとか思っていたら、潜在意識は正直ですから「苦手だ」「きらいだ」という気持ちが伝わって、毎日どんなに友達になりたいと思っても、潜在意識は「苦手だ」「きらいだ」という思いを聞き入れ友達にはなれないのです。

ですから、成功を思い描くときに大切なのは、素直に成功したいと本心から思うことです。決して「無理だよな」とか「できないよな」とか否定的に思ってはいけません。もしそのような気持ちが出てきたら、潜在意識はその思いを実現させます。潜在意識は、正直で本当に思っていることを実現させるからです。

疑いの心は出さず、必ず実現することを信じてください。決して否定的な思いを出したり、口にしたりしないことです。もし否定的な思いになったときは、すぐに「いや必ずできる、必ずそうなる」と思い直してください。

それが思ったことを叶えるために非常に大事なことなのです。そして小さな成功でも、それが実現したとき、必ず自信がついてきます。まず成功を思い描きながら、成功体験を積み重ねてください。それが大きな自信となっていきます。

常に肯定的な言葉を出す

2の「肯定的なことを口にする」ということですが、言葉には力があります。

その言葉の力を活用することが大切です。それには否定的な言葉を使わないことです。否定的な言葉を口に出すことで、その言葉が再び耳から入り、再確認され頭の中に記憶されるからです。

肯定的な言葉を何度も何度も声に出して言うことは、とても大事なことです。「自分は成功する、自分は成功する、自分は成功する」と何度も寝る前や、トイレの中、そしてリラックスできるところで唱えてください。そうすることで頭の中に肯定的な出来事がインプットされます。

人前で言っても構いませんが、変に思われたり、からかわれたり、妨害されたりするかもしれません。人知れず、黙々と実行することをお勧めします。それは必ずあなたの自信を育てていく力となるでしょう。

柔軟な考え方を持つ

3は、「問題を深刻に考えない」ということですが、皆さんはいかがでしょうか。勉強や仕事で行き詰まったとき、また人間関係などで問題を抱えたときなど考え過ぎてしまうことはないでしょうか。

問題を深刻に考え過ぎ、否定的な考えにとらわれ、悩んだり悲観的になったりすると、その思いが潜在意識に伝わり、悪いことが実現してしまいます。未来はどうなるかわかりません。あまり取り越し苦労をせず、深刻に考えず、楽天的に、そして明るく考えたほうが、良い結果が得られます。

問題を深刻に考えているときは、その解決方法がわからないときでもあります。解決方法が分かれば、深刻に考える必要はないのです。

皆さんは「コロンブスの卵」の話を知っていると思います。コロンブスは、地球が丸いことを信じ、東回りではなく、西回りで航海し、西インド諸島に到着しました。彼の勇敢な行為は、皆から称賛されましたが、ある祝賀会の席で一人のあまのじゃくな人間が、コロンブスに対して「そんなことは、船に乗っていけば、誰にでもできる。そんなに偉いことではない」と言いました。

そこでコロンブスは、その祝賀会に参列している人々に向かってこう言いました。「ここに卵がありますが、これを立てられる人がいたら、立ててみてください」。しかし誰一人として、卵を立てられる人はいませんでした。

そこでコロンブスは、卵の尻を割って、卵を見事に立てて見せましたが、皆は驚くと同時に、「なんだ、そういうことか。それなら自分にもできる」と思い、ざわめいたということです。結論が分かれば、簡単なことであっても、それが分からないときは、誰しも悩み苦しみ、深刻に考えたりするものです。

新しい解決方法を見つけるためには、柔軟な考え方が必要です。柔軟な頭で、物事を深刻に考えず、リラックスして明るく考えるときに、ふと思い浮かんでくるものです。皆さんも深刻な問題にぶつかったときは、この「コロンブスの卵」のことを思い出し、問題を深刻に考えず、必ず問題は解決できると信じ、柔軟な心で、新しい解決方法を発見してください。

あなたはあなたなのです

4は「他人と比べて落ち込まない」ということですが、これは自分を他人と比較しないということです。自信を育てていくために、とても大切なことです。

「思い出ノート」を作ったときに、自分の心や考え方を深く見つめていく中で、自分の考え方の傾向性に気が付いたと思います。同じことをやっていても、人それぞれ考え方も違い、目的も違い、使命も違うわけです。そして今回生まれる前に培ってきたことや、経験、知識もそれぞれ違うのです。自分の人生は決して人と比較できるものではないのです。

ですから、他人と比較して一喜一憂したり、落ち込む必要は全くありません。その人その人の目的と使命を果たすために、みんなそれぞれが頑張っているということを忘れないでください。あなたはあなたです。あなたにしかない、素晴らしい体験や考え方を大事にしてください。

もう一度「思い出ノート」を見てください。あなたが多くの人に愛されて育ってきたことに気が付くでしょう。そして誰よりも創造主が、あなたを愛しているということを知ってください。どうか、あなたにしかできない、素晴らしい人生を自信を持って創っていってください。

言葉には大きな力がある

5は、「言葉の力を活用する」ということです。

皆さんは、言霊《ことだま》というのを聞いたことはありますか。言霊とは言葉に内在する霊力のことです。言葉の中には霊的力が入っています。霊的力というと念力を思い浮かべる方もいると思います。

実は言葉の中には思いの力が含まれています。「世の中で最も美しいものも、最も醜いものも口から出てくる」と言われます。また人は言葉によって励まされ、言葉によって傷つきます。聖書にも「はじめにことばありき」と記されています。

つまり「神は言葉によって世界を創った」ということです。言葉には大きな力があるのです。どうか偉大なる自己を創るために、自信を育てるために、この言葉の力を活用してください。

劣等感はどこから来るか

6は、「劣等感の原因を探す」ということですが、劣等感は誰もが持っているものです。そして、これは先天的なものではなく、後天的なものなのです。

劣等感の本質は、「与えられてない」という気持ちの表れなのです。劣等感の中に生きている人には、普通の人以上に愛を求めている人が多いのです。それゆえに傷ついて、それを不幸の種にしています。

こうした劣等感から脱却するためには、発想を切り替えて、与える愛の大切さ、無償の愛の大切さを考えることです。また劣等感を克服するためには、自分がこれまでいかに多くの人から愛をもらい、その愛の中で生かされ、育てられてきたかに気づくことです。

それに気づいたなら、今度は自分が愛を与える人間になろうと決意することです。そしてこれまでの劣等感をバネにして、愛を与える側に回ったとき、新たな道を切り開く人になれるのです。劣等感は、「人から愛を与えられていない」という気持ちから来るということを知ってください。

奇跡を起こす魔法の言葉

7は、「魔法の言葉を10回読む」ということですが、あなたは魔法の力を信じますか。

この世では、時々奇跡が起きることがあります。奇跡とは不可能と思われたことが可能となることです。魔法は、その奇跡を起こす力です。「魔法の言葉を10回読む」とは、奇跡を起こす言葉を10回読むということでもあります。

大宇宙と一体となり、創造主と一体となれる言葉こそ、魔法の言葉です。「言葉には力がある」ということを学びましたが、魔法の言葉は創造主とつながる言葉であり、大いなる力を秘めています。あなたも是非、次の魔法の言葉を、夜寝る前とか、朝起きたときに、読んでみてください。

「私は、この宇宙を創られた創造主を信じます。

創造主の願うように生きたいと思います。

創造主が願う世の中をつくりたいと思います。

主よ、どうか私に力をお貸しください」

この言葉を毎日10回読むことにより、あなたは創造主と心がつながり、世の中に、そしてあなた自身にも、奇跡を起こす魔法の力をいただくことができるでしょう。

自分の力を信じる

8は、「自分を10パーセント増しで評価する」ということですが、ノーマン・V・ピールは、このことについて次のように解説しています。

自分の力を正しく評価し、それを10パーセント引き上げよう。傲慢になってはいけないが、健全な自尊心は育てなければならない。自分自身の力を信じよう。（『新訳 積極的考え方の力』ノーマン・V・ピール著、ダイヤモンド社より引用）

その通りだと思います。人間は、生きていく中でいろいろな問題にぶつかり、失敗もし、痛い目にあうこともあります。その度に、自分の力を過小評価してしまう人も多いのです。本当はもっと力があるのに、自分の誤った自己認識でその力を発揮できない人が多いのです。

困難なとき、苦しいとき、挫折感に打ちひしがれているときこそ、自分の力をもう一度正しく評価し、自分自身を信じてください。そして自分を愛し、人を愛せる人間になるためにも、自分のことをもう少し高く評価し、過信せず、本来の自分の力を信じて生きていくことです。それは、あなたの自信を育てると同時に、人を幸せにしていく力にもなるのです。

自我力を無くす

9は、「力はすべて受け取っていると信じる」ということですが、あなたはこの言葉をどのように受け止めますか。これを素直に受け止めることができる人は、とても信仰心のある方だと思います。

「自分が」、「自分が」と思っている人は、残念ながらすべての力を受け取ることはできないのです。自我力、すなわち自分だけの力になっているからです。世の中で自分だけの力でできることはどれだけあるでしょうか。鉛筆一本にしても自分だけですべて作れるでしょうか。自分の力には限界があるのです。

「力をすべて受け取っている」ということは、他の人の力、他力を受け取っているということです。そしてすべての力を持っている人は、神様であり、創造主であるのです。

自我力を無くし、すべてを創造主のみ手にゆだね、創造主と一体になったとき本当の自信が出てきます。そしてすべての力を受け取ることができるのです。自分は今創造主と一体であると思うこと、そしてそれを信じることが大切です。それが自信を育てる秘訣なのです。

神の力を信じる

10は、「神から力を受け取っている」ということです。この言葉は「力はすべて受け取っていると信じる」ということを、さらに神への信仰まで高めた言葉だと思います。信仰とは、神の力を信じることであり、神が私たちにすべてを与えてくださっていることを信じることです。そして人生における大勝利とは、たとえどんなことがあなたの人生で起こっても、すべてのものに、そして神に感謝することができることではないでしょうか。神から力を受け取っている限り、人生に失敗はありません。生かされている自分に感謝し、自信を持ち、それを大切に育てていきましょう。

以上が「自信を育てる」ための10項目の解説です。たくさんのページを割きましたが、あなたの人生を大勝利へと導くためには自分に自信を持つということがとても大切だからです。自分を心から信じられる人は、神を信じることができる人だからです。神があなたのそばにいるからこそ、あなたの人生は大勝利へと導かれるということを忘れないでください。もしあなたが自信を無くしたとき、もう一度、この項目を何回も読んでみてください。

6. 不安に打ち勝つ

不安が及ぼす悪影響

「人生大勝利への方程式」の6番目は、「不安に打ち勝つ」ということです。

不安には様々なものがあります。経済的不安、病気に対する不安、人間関係での不安、老いる不安、そして死への不安。他にも生きていく中で様々な不安が出てくると思います。

人は不安を抱えるとどのような状態になるでしょうか。まず理性的な心を失い、冷静な判断ができなくなります。それは新しいものを受け入れる余裕がなくなり、物事に集中できなくなるからです。そしてあらゆることへの情熱を失い、思考力、忍耐力を弱め目標を失います。ひいては体の調子も悪くなり、すべてが悪い方向へと向かっていきます。「風邪は万病のもと」と言いますが、不安という病原菌はあなたの心の中に入り、思考力や理性を狂わせ、幸福な人生を蝕むようになるのです。

不安を引き込む心とは

不安の大部分は、自分の幸福を外部に求め、外部に依存する心にあります。大きな家に住めれば幸せになれる。経済力のある人と結婚すれば幸せになれる。美人と結婚できたら幸せになれる。などなど自分の幸せを外部に求めている人が多くいます。そういう人は自分の不幸を環境のせい、家庭のせい、人のせいにしがちです。

しかし自分の幸福や不幸を外部に依存する人は、自分の内部がまだ固まっていない人であり、自分のことに対して責任が取れていない状態の人なのです。

心がそういう状態であるとき、外部が崩れたとき一気に不安が自分になだれ込んできます。不安は心が外部に依存し過ぎているときに生じやすいのです。

不安を取り除く方法

不安は依存的な心の状態にあると言いましたが、その状態を取り除くにはどうしたらよいでしょうか。それは思考であり考え方にあるのです。まず自分の不幸を人のせいや環境のせいなど外部のせいにしないことです。

「自己責任」という言葉がありますが、日本人は西洋人に比べてあまりこの言葉を使いません。良いことも悪いこともすべての原因は自分の中にあるという考え方は、実は東洋的な考え方なのです。

お釈迦様が約2500年前に説いた原因・結果の法則、因果応報の思想の中にあるのです。物事にはすべて原因があり、結果があるということです。その原因を探究するには自分の考え方や傾向性、何をしたかを知ることです。そして自分がした行為が他人にどう影響したかまで考えれば、すべてを外部のせいにはできないでしょう。自分にも責任の一端はあったと考えることです。

しかしそれは決して自分を責めることではなく、自分を育てるために必要なことであるのです。「自信を育てる」の中でも述べましたが、困難なとき、苦しいとき、挫折感に打ちひしがれているときこそ、自分の力をもう一度正しく評価し、自分自身を信じていくことです。それが不安を取り除く最良の方法となるでしょう。

経済的な不安を克服するには

不安の多くは経済的な不安であると言われています。また経済的な問題が解決されると悩みの8割は解決するそうです。生きていく中で経済力があれば解決できる問題も多いからです。

経済的な不安を無くすためには、実務的な考え方が必要です。まず金銭の出し入れをはっきりさせ、収支バランスがどうなっているかを数字で出す必要があります。

収入が少なければ増やすことを考えなければなりません。また支出が多ければ無駄な出費がないかを考え、少しでも倹約することです。そうすることで何をしなければならないかが見えてきて、漠然とした不安は解消されるでしょう。

そしてとても大事なことは、収入を増やす方法です。これには知恵が必要となります。知恵は単なる知識（knowledge）だけでは得られません。

まず必要な知識を集め、それを様々な行動と経験を通し体系化し、知恵（wisdom）に変えていくのです。そしてその知恵をもとに新たな収入源を作っていくことです。

収入を得るために新たな方法を考え出す知恵、俗にいう「飯のタネ」を考え出す知恵を得ることです。それを得るには「コロンブスの卵」のように柔軟な考え方が必要です。

それに必要な心は、問題は必ず解決すると思う心、仏神に愛されている自分を信じる心、そして明るく開放的な心です。それによってあなたの経済的な不安は解決され希望へと変わっていくでしょう。

叡智によって不安は克服できる

あなたは、これまでにありありとした夢を見たことはありませんか。こうした夢を見るときは、別の世界からあなたを見守っている人があなたに必要なことを知らせたり、不安なことを克服する叡智を与えてくれるときなのです。

これは私の知り合いから聞いた話ですが、その人は小さい頃から母親に異常なほど厳しく育てられたそうです。そしてなぜ自分だけがこんなに厳しくされるのか分からず、母親に対する恐怖心と不安の気持ちで非常に苦しんでいたそうです。

そんなある日、彼女はとても不思議な夢を見たそうです。その夢は自分が生まれてくる前の夢でした。今回生まれるにあたってあたかもお見合いのように両親となる父親と母親との出会いがあったそうです。父親はとてもやさしい人で彼女によろしくと笑顔で挨拶してくれたそうです。しかし母親となる人はとても厳しい顔をして彼女にこう言ったそうです。

「私は今回あなたが多くの人々に愛を与えられる人になれるよう、あなたを厳しく育てます」。そして彼女は「はい、わかりました。よろしくお願いいたします」と返事をしたそうです。

目が覚めてそのシーンを思い出したとき、彼女は今までの母の行為がすべて彼女への愛であったことに気づき、涙がとめどなく出てきたそうです。

翌日、不思議なことが起きたそうです。今まであんなに厳しかったお母さんが別人のようにやさしく微笑んでくれたそうです。彼女は瞬間にその意味が分かり、涙でお母さんを抱きしめ感謝したそうです。それからは一切の不安は無くなりお母さんとは何でも相談できる最高の関係になったとのことです。

彼女が見た夢は、彼女から不安を取り除くために神様が与えてくれた叡智ではないかと思います。このように叡智によって不安を克服することもできるのです。

不安を取り除くイメージングの力

あなたの人生を勝利に導くためには、あらゆる不安を自分の心の中に入れないことです。そのために必要なのがイメージングです。スポーツ選手も、自分が勝利した瞬間や、ホームランを打った瞬間、シュートが決まった瞬間などをイメージしながらトレーニングを重ねています。最高の自分の姿をイメージすることで、あらゆる不安は取り除かれることでしょう。

あなたが不安から解放され、素晴らしい人生を歩み、幸福になる姿を常にイメージすることが大切です。良きイメージはあらゆる不安を吹き飛ばします。あなたの人生を光り輝かせる特効薬なのです。

「イメージングの力」

イメージしなさい。

あなたが立ち直っている姿を。

イメージしなさい。
あなたが、元気で、健康で、
力に満ちあふれている様を。

イメージしなさい。
あなたの家族が幸福で、
家庭がユートピアの基地であることを。

イメージしなさい。
夫婦の縁は三世の縁で、
あなたがたが、あらゆる苦難に打ち克ち、
見事に添い遂げることを。

イメージしなさい。信仰の光が全身に浸透し、
どんな重病も治っていくことを。

イメージしなさい。
協力者に恵まれ、資金に恵まれ、
あなたの仕事が成功してゆく様を。

イメージしなさい。
子どもたちが、
素晴らしい成長をしていくことを。

イメージングこそ、あなたの未来の設計図。
繰り返し発射される思念は、
必ずや実現するのだ。

（月刊『幸福の科学』２３１号　心の指針 第17針より引用）

イメージングこそ、あなたの将来を決め、あなたが持っているあらゆる不安に打ち勝つための最大の武器となるでしょう。

7. 自分の殻を破る

新しいことにチャレンジする

「人生大勝利への方程式」の7番目は、「自分の殻を破る」ということです。

自分の殻を破るには、勇気を持ってチャレンジする心が必要です。チャレンジする限り、失敗はあるでしょう。しかし、失敗を恐れては何もできません。

「私は今まで一度も失敗をしたことがない」という人がいたならば、その人は新しいことにチャレンジしたことがないか、何もしなかった人でしょう。何もしなければ失敗もありません。失敗を避けては何もできないのです。

未知のことや、新しいことにチャレンジするとき、人の評価を気にしてはいけません。人は未知のことに挑戦する人間が現れたとき、驚くと同時に、羨望と畏敬の念でその人を見ています。いろいろと批判もされます。時には、身に覚えのない非難や中傷を受けることもあるでしょう。

しかし、そんなことには気を取られず、ただ淡々と努力し続け、何らかの結果を出すことが大事です。たとえその結果が、満足できるものではなかったとしても、あきらめず最後までやり遂げることです。正しい評価は、後からついてきます。

常に環境は変化する

自分の殻を破れない人は、やる前にできない理由を考えます。頭のいい人ほど、できない理由をいくつもいくつも考えます。そして行動しないのです。それは、心の中で変化を望んでいないからです。今のままでいいと思っているからなのです。現状維持は衰退につながることを知ってください。

基本的には、自分の能力が伸びてくると環境も変わってきます。同じ環境でずっと同じ仕事を続けることは現代社会においてはほとんどあり得ないことです。それは社会情勢が時々刻々と変化しているからです。その変化についていくためには今まで築いてきたことにあまり執着せず、すべては移りゆくものであることを認めていく心が必要です。

環境が変化するとともに、常に新しい視点を得て、自分の殻を破り成長していくことが大切です。自分が成長し変化してくると不思議に自分の周りの環境も変化してくるということが実際あるのです。それは自分と環境とは互いに影響しあっているということです。

失敗や挫折に負けない考え方をする

次に自分の殻を破るためには、失敗や挫折に負けない考え方をすることです。エジソンは、少年のときある事件で耳の鼓膜を破り、耳が聞こえなくなってしまいました。しかしエジソンは決してそれに落胆せず、新たな人生観を持ちました。

エジソンは、耳が不自由になったことで、自分の想像力が無限に広がり、それと同時に、よけいな雑音を耳にしなくてもよくなったと考えたのです。耳が聞こえなくなったことは、普通の人にとっては人生の地獄を見るに十分な出来事です。しかし、彼にとって、それはハンディキャップではなく、人生の支えであり続けたのです。

難聴になったあとエジソンは、読書に関心を持つようになりました。耳が聞こえない分、雑音をシャットアウトして、書物の世界を通じて自分の世界を広げることができたのです。

エジソンは少年時代の挫折をものともせず、それをプラスに転じる強靭な考え方で、自分の殻を破り、多くの偉業を成し遂げました。

失敗や挫折に挫けてはだめなのです。それを天の計らいだと信じ、「このことを通し、天は自分に何をさせようとしているのか」と考えて、一歩進むことが大切です。自分の殻を打ち破ってください。そのときあなたはもう一段大きな人間へと成長していくことができるでしょう。

8．運命は変えることができる

努力によって運命は変えられる

「人生大勝利への方程式」の8番目は、「運命は変えることができる」ということです。皆さんは、運命はあらかじめ決まっているものだと思っていますか。実は、この世の努力で変えることができることもあるのです。

人の人生には、一定のさだまったものがあるように見えますが、本気になって変えようと思い努力した場合、運命は変更されることがあるのです。

人は生まれてくる前に、ある程度の人生計画を立てて生まれてきます。しかし計画したこと、決めたことであっても、この世では、それがそのままストレートに行なわれるわけではないのです。

例えば結婚相手をあらかじめ決めていたとしても、育った環境があまりにも違い、学歴も違い、会社も違い結婚できる状況でなくなることもあります。また不慮の事故で相手が死んでしまうこともあります。80歳まで生きる計画を立てたとしても、無理をして早死にすることもあります。また健康に注意し、無理をせず規則正しい生活を送れば寿命を延ばすこともできるのです。

このようにすべてが運命通りにいくものではなく、この世での努力によって変更する余地はあるのです。

人生はこの世限りではない

「人間は死ねば終わりだ、今が楽しければよい」と考える人は、現実的な人かもしれません。「魂は永遠に生き続ける、将来のために努力しよう」と考える人は、霊的な人で、見えない世界が分かる人なのです。

霊的なことは、学校では教えませんが、大切なことは「人生はこの世限りで、この世で楽しまなくてどうするか」という考えで好き勝手に生きることは間違っているということです。そうではなく「人生は一回限りではなく、また来世があるのだ」と思いコツコツと努力していくことが正しいということです。

人生はこの世限りではありません。死んだらあの世の世界に行くのです。そして何年か経ってまたこの地上に生まれてくるのです。

ですからより良い人生を生きてゆくには、「人生はこの世限りではない、来世のためにも今コツコツと努力していこう」という考え方がとても大事です。

現在の努力で過去も変えることができる

人間は死んで、肉体がなくなってもこの地上で経験したことはすべて魂の記憶の中に残っており、考え続けることができる霊的存在なのです。

そのことを知らず、学校でも教えられず、死ねば終わりだと思い、好き勝手なことをしてきた人は、死後自分の人生を後悔し、反省しなければならなくなるのです。

一方、人生は一回限りではないということを信じ、来世のことも考え努力を続けてきた人は、その努力は必ず報われ、素晴らしい世界に行くことができるのです。

この霊的人生観を持つか持たないかで、人間の運命は大きく変わるのです。現在なした努力は未来を変えるばかりではなく、驚くことに過去も変えることができるのです。映画「バック・トゥ・ザ・フューチャー」では過去が変わると現在の写真が変わっていきましたが、不思議なことに現在が良くなってくると過去も黄金色に変わっていくのです。

人間は永遠の魂を持った存在である

人間は、真理に出合い真実を知ったとき、人生観が変わります。そして輝くことができるのです。あなたもこの真実に出合い、魂が輝き始めたとき、あなたにとってセピア色だった過去の映像が、黄金色に輝いていくのです。

あのときは辛かったけれども、あのことがあったから、考え方も変わり、今輝くことができたのだと思えるようになるのです。真実を知ることにより、人間は過去も現在も未来も変えることができるのです。その真実が理解できたら、あなたの運命は変わっていくのです。

人間は、過去と現在と未来を生きる、永遠の魂を持った存在である、ということを知ってください。永遠の魂修行という大河の中で、あなたはどういう人生を歩んでいったらいいのか、夜空を眺めながら考えてみるのもいいかもしれません。これからのあなたの人生について、自己限定せず、夢のある人生を、わくわくするような人生を、描いてみてください。そうすれば、あなたのこれからの運命は大きく変わっていくことでしょう。

9. 心の平静を保つ

瞑想の時間を持つ

「人生大勝利への方程式」の9番目は、「心の平静を保つ」ということです。

あなたは、夢のある人生、わくわくするような人生を描くことができましたか。夢のある大きなことを考えるには、まず心の平静を保つことが大切です。それには、しばし目をつぶって瞑想の時間を持つことです。それではここで瞑想の時間を数分間持ってみましょう。

目を閉じて、お腹の底から大きく深呼吸してください。
背筋を伸ばし、肩の力を抜いてリラックスしてください。
深呼吸を二、三回繰り返してください。
今あなたの心は穏やかな状態になっています。
そして頭の中を空っぽにしてください。
すべてを受け入れてください。
大宇宙と一体となってください。
今起きていることは、すべて必要なことだと思ってください。
あなたの人生の理想の姿が浮かんできます。
あなたは創造主に愛されていることを感じてください。
すべては良くなると思ってください。
それではゆっくりと目を開いてください。
そして大きく息を吸って、ゆっくり吐いてください。

これが瞑想の実習です。この作業は数分間で結構です。この瞑想を一日に一回でも二回でもいいですから、リラックスしたときにやってみてください。

これを毎日行なうことにより、心の平静を保つことができ、夢のある人生が描かれてくるでしょう。

毎日の生活の中でアルファ波動を出す

心の平静を保つ習慣を作ることは、あなたの人生に大きな幸福を与えます。

現代は、ストレス社会の時代だと言われています。学校において、職場において、家庭において、また家族や友達関係、先輩や後輩、職場の上司や同僚や部下との関係において、様々なストレスを感じることが多くあります。

人間はストレスを感じると、免疫力が弱くなり、様々な病気を引き起こす原因となります。また精神的にも不安定になり、うつ病になったりする人もいます。そういう状態では、自分の人生に対し明るく積極的な考え方は出てこないのです。

アルファ波動、ベータ波動という言葉を聞いたことがあると思います。いろいろなことを忙しく考え、雑念が出ている状態はベータ波動の状態です。また心穏やかに、平静な状態のときはアルファ波動が出ている状態です。

アルファ波動が出ているときは、心がリラックスしている状態なので、物事を明るく、前向きに考えることができ良い考えが浮かんできやすくなります。

毎日の生活の中で、アルファ波動を出せるようにするには、心の平静を保つ習慣を作ることです。習慣化するために必要なことは、時間と場所を決めることです。一日の中の「いつ、どこで」やるかを決めてください。それが大事なことです。それを決めたら実行に移してください。

瞑想によって心の調和を保つ

心の平静を保つことは、心の調和を保つことでもあります。先ほど瞑想の時間を作るということを言いましたが、心の調和を保つには瞑想の時間を作ることが大事です。それによって幸福感が生まれてくるのです。

結局幸福な状態というのはいったい何であるかと問うてみるならば、消極的な定義かもしれないし、初歩的な定義かもしれないけれど、まずみずからの心が千々に乱れないこと、上がり下がりしないこと、そしてくよくよと考えなくていいということ。あの晴れた空のごとく、カラッと晴れあがっている。そして三月の小川のごとく、さらさらと流れていくこと。そうした状態であることが最初の幸福の状態ではないでしょうか。

心がさまざまなものに引っかかり、乱れている時に、さて、その人はその上にどのような幸福を築くことができるのでしょうか。いろいろなことで心の中が雑然とし、そして取り乱しており、悩みの渦中にある人は、いったんこの悩みから出ていく必要があるのです。これをしなければ、ほんとうの意味での幸福感は戻ってこないのです。その方法のひとつとして、この心の調和を保つための瞑想があるのです。（『瞑想の極意』大川隆法著、幸福の科学出版より引用）

心の調和を保つための瞑想は、あなたに幸福感を与えます。一日の中で感じたストレスを消し去っていくには、この瞑想の時間を作り、心を平静な状態に保つ努力が必要です。そして日々の生活でストレスを感じない強い心を作っていくことが大切です。

波長同通の法則

瞑想の中では、自分の心を大宇宙の意志、創造主の念いというより高次なものへ向けていくことが大切です。そして大宇宙の意志、創造主の念いを感じようとすることです。そうすることで、自分の心の思いは他人が発する思いと合わなくなってくるのです。

思いには波長があります。思いの波長が変わってくると、相手の波長と合わなくなり、交流しなくなってくるのです。同じ波長の念波は同通し増幅されますが、違う波長の念波はすれ違い、弾かれるということです。これを波長同通の法則と言います。

これは絶対に外してはいけない法則です。思いは磁石のようなものであり、同じ思いは同じ思いを引き寄せます。発展を願えば、発展を願っている人と出会い、発展を引き寄せます。また心の中に貧しさがあれば、貧乏を引き寄せます。この法則は宇宙の法則でもあるのです。

自分の心の波長をより高次なものに合わせようと努力することで、より大きな幸福が得られるのです。この法則を会得し、さらに幸福な人生を歩んでいくためにも、日々心の平静を保つ努力をしながら、自分の思いを高次なものに近づけていってください。

10. 創造主の力を得る

大宇宙の意志である創造主と一体となる

「人生大勝利への方程式」の10番目は、「創造主の力を得る」ということです。皆さんは、これまでいろいろな方程式を学んできましたが、最後に重要な方程式をお教えします。これも学校では決して学ばないことです。

これは人生大勝利への最終兵器です。これをマスターすれば、あなたにあらゆる奇跡がこれから起きてくるでしょう。それは「大宇宙の意志である創造主と一体になる」ということです。

波長同通の法則でも学びましたが、心を合わせることにより心が同通し、一体となることができるのです。創造主は無限の愛と無限の発展の心を持っている存在です。あなたが愛の思いを持ち、また発展の思いを持ったとき、創造主の念いと同通し、あなたの思いは実現していきます。

この世界は思いの世界であるということを知ってください。歴史上で偉人とされた多くの人は、この真実を知り、実行し、思いを叶えてきた人たちなのです。聖書の中にも、「求めよ、さらば与えられん」という言葉があります。この言葉の真意は、強く思うことで、すべてが与えられるということです。

善き思いは必ず実現します。また「与えるものは与えられる」ということも真実です。愛は奪うものではなく、与えるものです。成功も然りです。

創造主の愛の念い

成功の黄金律として次の言葉があります。

「自分がして欲しいと思うことは、何よりもまず他人にそうしてあげることだ」

この言葉は、自分が欲することを人に与えることこそ成功への道だということです。宇宙は無限であり、創造主は無限の富を持っておられます。あなたが創造主の念いと一体となったとき、すべての富は与えられ、不可能と思えることも可能となるのです。このことを信じてください。信じることで奇跡は起こるのです。

信じることで、この世の常識と言われることはねじ曲がってきます。そして奇跡として現れてくるのです。

最後にもう一つ大事なことに気づいてください。それは、これまであなたは創造主からずっと愛されてきた存在であること、生かされてきた存在であること、そしてすべてを許されてきた存在であるということです。

この大宇宙も、創造主の愛の念いによって創られました。それを信じることで、次元の壁は破られます。そしてあなたが創造主を信じる心で創造主と一体となり、創造主の愛が不可能を可能にしていくのです。

そのとき、あなたの周りには様々な奇跡が起こってくるでしょう。創造主の愛の力が得られるからです。信じる力によってすべては変わっていきます。あなたが信じる力で創造主と一体となり、創造主の愛の力を得て、人生に勝利し、明るい未来を築いていくことを心から祈っています。

愛の力

愛の本質は引き合う力です。物質は結晶と結晶が引き合い形を成していきます。その引き合う力が愛の力なのです。愛はこの世のすべてを、そして大宇宙をも創っていく力なのです。

愛とは、結び付ける力。愛とは、引き合う力。愛とは、力を合わせて何かを創ってゆこうとする力。すなわち、万物は愛をもとに創られているのです。

それぞれがばらばらに存在しているのではないのです。すべては創造主の大きな愛の中でつながっているのです。一体となっているのです。

大宇宙は、創造主の愛の念いによって創られたのです。愛はすべてを創造する力であり、エネルギーなのです。すべての存在のもととなるものは愛の力であることを知ってください。愛はすべてのすべてであり、愛はすべてを包み込む力なのです。

あなたが悲しみの中にいるとき、嘆いてはいけません。暗くなってはいけません。その悲しみの底に、秘められた創造主の愛があることを知ってください。その悲しみを通して、はじめて出会える創造主の愛があることを知ってください。なぜなら創造主はこの大宇宙、そして私たちの生命をお創りになる前に何千億年の孤独に耐えていたからです。

私たちは創造主と一体になれたとき、はじめて本当の幸せを感じることができるのです。母親の懐に抱かれているような安心感を感じることができるのです。悲しみの中にいるとき、孤独の中で苦しんでいるとき、創造主があなたと共にいることを感じてください。そのときこそ、創造主の愛の力を確信し一体となって歩んでください。空高く飛翔してください。希望の未来は必ず開かれることでしょう。

第3章　大いなる志をいだく

1．アメリカ合衆国建国の精神を学ぶ

時代の転換期

21世紀に入り、時代は大きく変化しています。世界情勢も混とんとしています。中東におけるイスラエルとイスラム国家の争い、中国における覇権主義と人権弾圧問題、EUと難民問題など各国で様々な問題を抱えています。その中で日本も戦後75年（2020年現在）が過ぎ、経済もゼロ成長のまま20年余りが過ぎました。

こうした中で日本だけでなく世界各地で、地震や台風、異常気象など様々な天変地異が起きてきており、その被害も年々大きくなってきています。これを単なる偶然だと思っている人たちがあまりにも多いのに、私は一種の危機感を感じるのです。

なぜなら世の中で偶然に起きることは何もないからです。必ず何らかの意味があるのです。これまでの歴史の中でも、世の中が大きく変化するときは、古いものが消え、新しいものが出てくる時代の転換期でした。

いま時代は大きな転換期を迎えています。そして、新しい時代が開かれようとしています。

新しい時代が開かれるとき、世界は一瞬、闇の中に葬られ光が消えたかのように思われることが起こります。こうしたとき天上界は必ずそれに先駆け偉大な指導者・思想家・宗教家をこの世に送り込みます。そして次の時代への大きな指針を示してくださるのです。

このような状況はかつても起こりました。時代の転換期にインドでは釈迦が、イスラエルではキリスト、中国では孔子、ギリシャではソクラテスが現れました。中世から近世に移り変わる15世紀から16世紀に、ヨーロッパでは、宗教改革が起こり、それに先駆け1370年頃にボヘミア地方でプラハ大学学長となったヤン・フスが生まれ、1483年にドイツのザクセン地方では神学者マルティン・ルターが生まれました。

この人たちはヨーロッパに新しい時代をもたらす大きな仕事をしました。そしてアメリカでは1776年7月4日に独立宣言がなされましたが、その原動力として現れたのは、アメリカ合衆国建国の父（ファウンディング・ファーザーズ）と呼ばれる人たちでした。

その中には有名なベンジャミン・フランクリンやジョージ・ワシントンがいます。日本では明治維新に尽力した志士として吉田松陰、坂本龍馬、西郷隆盛、高杉晋作、伊藤博文、木戸孝允など立派な方々が生まれてきました。こうした時代を変える先駆者として生まれてきた人たちは、どういう志を持ち、どういう思いで人々を導き、時代を変えていったのでしょうか。

ここでは、新大陸アメリカで240年ほど前に建国されたアメリカ合衆国に焦点を絞り、建国の父の一人であるベンジャミン・フランクリンから建国の精神を学んでみたいと思います。

2. ベンジャミン・フランクリンの13の徳目

自助努力の精神と繁栄発展を目指す志

皆さんは、雷雨の中、針金をつけた凧を揚げ、針金が電気を引き、凧糸が毛羽立ち雷の正体が電気であることを証明した、アメリカの科学者でもあり、政治家でもあり、外交官でもあったベンジャミン・フランクリンの名は、よく知っていると思います。

私は大学生のとき、ある授業の中で英語版の『フランクリン自伝』を読む機会がありました。辞書を何回も引きながら読みましたが、とても面白く、またこれまでにない感動と刺激を与えてくれた、とても素晴らしい本でした。

フランクリンは貧しい家に生まれました。父親はとても信仰深い人でフランクリンを牧師にしようとして学校に入れましたが、学費が続かず、牧師になることはできませんでした。

フランクリンは12歳のとき兄の印刷所で見習い奉公をしますが、印刷の仕組みをいろいろ研究し、やがて自分の店を開き独立します。それはフランクリンが24歳のときでした。その1年後、フランクリンは人間として望ましい人格と行動様式を「13の徳目」にまとめました。

彼は神が喜ぶものとして13の徳目をつくり、それを守り習慣化することで人々が豊かになり成功も得ることができると確信したからです。13の徳目についてフランクリンは次のように言っています。

1「節制」　飽くほど食うなかれ。酔うまで飲むなかれ。
2「沈黙」　自他に益なきことを語るなかれ。駄弁を弄するなかれ。
3「規律」　物はすべて所を定めて置くべし。仕事はすべて時を決めてなすべし。

4「決断」 なすべきことをなさんと決心すべし。決心したることは必ず実行すべし。

5「節約」 自他に益なきことに金銭を費すなかれ。すなわち、浪費するなかれ。

6「勤勉」 時間を空費するなかれ。つねに何か益あることに従うべし。無用の行いはすべて断つべし。

7「誠実」 詐（いつわ）りを用いて人を害するなかれ。心事は無邪気に公正に保つべし。口に出すこともまた然るべし。

8「正義」 他人の利益を傷つけ、あるいは与うべきを与えずして人に損害を及ぼすべからず。

9「中庸」 極端を避くべし。たとえ不法を受け、憤りに値すと思うとも、激怒慎むべし。

10「清潔」 身体、衣服、住居に不潔を黙認すべからず。

11「平静」 小事、日常茶飯事、または避けがたき出来事に平静を失うなかれ。

12「純潔」 性交はもっぱら健康ないし子孫のためにのみ行い、これに耽（ふけ）りて頭脳を鈍らせ、身体を弱め、または自他の平安ないし信用を傷つけるがごときことあるべからず。

13「謙譲」 イエスおよびソクラテスに見習うべし。

（『フランクリン自伝』岩波書店より引用）

フランクリンの考え方は、非常に合理的であると同時に、神の心にかなうものでもありました。それは自助努力の精神と繁栄発展を目指す高い志があったからです。また27歳のときに出版した『プーア・リチャードの暦』（Poor Richard's Almanack、ぎょうせい）は、25年間にもわたるベストセラーとなりアメリカ人ばかりではなく、世界中の人々に多大な影響を与えることとなりました。

この暦の中には格言やことわざ、教訓などの名言が載せられています。その中には皆さんがよく知っている「時は金なり」「天は自ら助くるものを助く」「勤勉は幸運の母」「空の袋は真っすぐには立ちにくい」など、勤勉、節約の精神、富を築くための心構えや教訓が載せられており、現代人には非常に耳の痛いものも多くありますが、当時の開拓者の心に多大な影響を与えました。

正義と自由と繁栄の精神

しかしなぜフランクリンは20代半ばでこうした啓蒙書を出版したのでしょうか。

フランクリンは24歳のときフィラデルフィアのセントジョーンズ・ロッジにてフリーメイソンに入会しました。フリーメイソンには秘密結社の側面があり、その実態は明かされていませんが、18世紀初頭より全ヨーロッパからアメリカに急速に広がった厳密な個人会員からなる友愛結社でした。

フランクリンが『プーア・リチャードの暦』を発案した年には、タン・タヴァンのロッジでグランド・マスター（トップ）に選ばれていました。彼の思想的なバック・グラウンドに大きな影響を与えたものと思われます。

フリーメイソンの中には、ギリシャのヘルメス神、エジプトのトート神と錬金術師ヘルメスが融合したヘルメス・トリスメギストス（三倍偉大なヘルメス）と言われる神秘思想がありました。

当時合衆国のフリーメイソンのメンバーには、政治家や科学者、発明家、そして実業家も多くいました。またフィラデルフィア憲法を起草した55人の代議員のうち、かなりの数の人がフリーメイソンのメンバーだったと言われています。

いずれにしても、若きフランクリンはアメリカ合衆国が神のご加護のもとで、独立した素晴らしい国家になること、また正義と自由と繁栄の精神で理想の国家を創りたいと強く願っていたと思います。

そうした心があったからこそ、アメリカの開拓者が、一日も早く貧困から脱出し、経済的に豊かになり、誠実で、勤勉で、規律を守り、正義を守り、神の寵愛を受ける民となることを強く願い、「13の徳目」や『プーア・リチャードの暦』を出版したのだと思います。

そうした思いと努力が実り、フランクリンは70歳のとき独立宣言の起草委員に選ばれ、72歳でパリにおいて米仏同盟条約に調印し、翌年駐仏全権公使となりました。そして75歳のとき対英講和会議代表となり、アメリカの独立のために多大な貢献をすることとなりました。そして84歳でこの世を去りましたが、アメリカ議会は1か月の喪に服し、国民は皆フランクリンの死を悼みました。

3. 人生には決断が必要である

大局観と小局観を持つ

「決断」とは、やるべきことを実行する決心をすることです。そして決断したことは必ず実行することが決断にとって最も必要なことです。

人生において、右か左か行くべき方向を決めなければならないとき、やるかやらないか決めなければならないときは必ずあります。大きな決断をするときは、大局的な判断が必要です。

小さな自分にとらわれたり、自分のプライドにとらわれ、自分を守ることばかり考えてはなりません。この決断が人のためになるかどうか、人を幸せにできるかどうかを考えて判断することが大事です。そのときやるべきことをやる勇気、決めたことを実行する行動力が求められます。

また小局的観点においては、人生は日々決断の連続であるとも言えます。その時は時々刻々と自分を変化させていく柔軟な心が大切です。つまり大局的な面においては「信念を

「貫く」ということとと、小局的な面においては「柔軟に対応する」という両面を兼ね備えていくことが必要であると思います。

リーダーは決断が速い

指導者やリーダーになる人は、決断が速いと言われますが、それは人の上に立つ人は常に先を見ているということです。つまり先が見える人が指導者やリーダーになれるということです。先が見えない人がリーダーになるということは非常に恐ろしいことでもあります。人々は安心して付いていくことができません。そして指導者やリーダーになる人は、そのときの状況の変化に応じて、柔軟な対応ができなければなりません。

「一度決めたことは決して変えない」というような頑固な考えでは、時代や状況の変化に追い付いていけません。敵が前から来ると思っていたら、後ろから攻めてきたとき、すぐに決断し体制を変えるよう指示できなければ負けてしまいます。

自分の決めたことに執着する人は、その決断が多くの人を幸せにするためのものなのか、あるいは自分のためのものなのか、よく心に問うてみる必要があります。多くの人への愛があって初めて正しい決断ができるのです。勇気ある決断ができるのです。その中に私利私欲があってはならないのです。

ナポレオン・ヒルがなした決断

ナポレオン・ヒルは、25歳のとき自分の人生を大きく変える決断をしました。それは彼がはじめてアンドリュー・カーネギーと運命的な出会いをしたときのことです。

そのときアンドリュー・カーネギーは73歳で巨万の富を築いていました。彼は成功者へのインタビューということでピッツバーグにいるカーネギーを訪ねたのです。カーネギーは3時間もの長い間ナポレオン・ヒルのインタビューに応じた後、ナポレオン・ヒルを彼の家に誘い三日三晩、巨万の富を築く成功哲学をナポレオン・ヒルに話しました。そして最後の晩、カーネギーはナポレオン・ヒルに質問しました。

もし私がこの『新しい哲学』を一つのプログラムにする仕事を君に頼んだら、君はどうするかね。もちろん、協力者や君がインタビューすべき人たちには、紹介の手紙を書いてあげよう。とりあえず５００名だ。この成功プログラムの編纂には20年間の調査が必要だが、その間、君はこの仕事をやる気があるかね？　イエスかノーかで答え給え。（『思考は現実化する』ナポレオン・ヒル著、きこ書房より引用）

ナポレオン・ヒルはカーネギーが自分に何かの才能を見出したのかもしれないと感じ、「是非やらせてください」と答えました。その返事を聞きカーネギーは素直にやると答えたナポレオン・ヒルのことを気に入りました。そして「君なら、きっとできるだろうから、是非やるように」と勧めました。しかしそれには条件があったのです。それは五百人以上の将来成功する人たちは紹介するが、この仕事に対して金銭的援助は一切ないというものでした。

それに対しナポレオン・ヒルは、今までにないとても難しい選択を迫られたと思いましたが、しばし考え「イエス」と答えたのです。

するとカーネギーはポケットからストップ・ウォッチを取り出しこう言いました。

「29秒。君が答えを出すまで29秒かかった。私は1分を超えたら君を見込みのないただの人間としてあきらめるつもりだった。この種の決断というのは、1分以内に出せる人間でなければ、その後、何をやらせてもダメなものなんだよ」(『思考は現実化する』ナポレオン・ヒル著、きこ書房より引用)

これはとても有名な話であります。普通の人は「無報酬で20年研究を続けるか否か」ということをすぐには返答できないであろうと思います。しかしこうした難しい問題でも、勇気ある人間は一分以内で決断するということです。

その後ナポレオン・ヒルは、カーネギーから自分より前に260名以上の人に同じ話を持ちかけたが、全員失格だったことを知らされたそうです。

そしてナポレオン・ヒルは20年の歳月を費やし、これまでに誰も書いたことのない新しい哲学、巨富を築く哲学を、16セッションからなるプログラムとして世に出しました。そして、その後出版した『思考は現実化する』は世界中の人に読まれるミリオンセラーとなったのです。

わずか29秒で出したナポレオン・ヒルの決断は、とても勇気ある決断であり、また価値ある決断であったのです。

決断する勇気

その決断が価値あるものになるかどうかは、それを下すときの勇気の質と量によって決まるものかもしれません。

今日の現代文明が築かれる前に、こうした偉大なる人々の勇気ある決断があったということです。アブラハム・リンカーンはアメリカの奴隷解放と一つのアメリカを目指し南北戦争を決断しました。彼は友人や何千人もの支持者たちの猛反対を押し切ってそれを決断したのです。その決断によって、今日のアメリカ合衆国があるのです。

またウィストン・チャーチルはヒットラーの野望を断つために、多くの苦悩を味わいながらも勇気ある決断をなし最終的にイギリスを勝利に導きました。彼はその決断力によってもっとも偉大なイギリス人の一人として今でも多くの人々から愛されています。

「決断力」の大敵は「優柔不断」

「決断力」の大敵は「優柔不断」でもあります。巨額の富を築いた人々は、そのほとんどが例外なく素早い決断力の持ち主であったということです。また知識も十分でなく、自分を過信し、他人の意見を聞こうとしない人ほど、敏速な決断ができず優柔不断になります。

情報が少ないうえに、人を信頼することもできず、自分のことしか考えていない人は、先を見る力もなく、自分を信じることもできず、優柔不断となり真の勇気が湧いてこないのです。

まず大きな決断をする前には、自分の目と耳であらゆる情報を集めて、あまり人にしゃべらず孤独に耐えることです。自分の中にエネルギーを蓄えることです。そして一旦決断したら、優柔不断を排《はい》し、素早く行動することです。

大きな志を持つ人は、目先の利害にとらわれず大きな視点に立ち、決断すべきときには決断する勇気を持つことが大事です。フランクリンの「なすべきことをなさんと決心すべし。決心したることは必ず実行すべし」という「決断」の考え方は、まさに多くの偉人たち、そして富を築いた人たちが共通して実行してきたことであるのです。

4．「時は金なり」の真意

時間はすべての人に等しく与えられている

1日は24時間です。この時間はすべての人に等しく与えられています。その平等に与えられた時間の中で、ある人は大富豪になり、ある人は貧困の中で苦しんでいます。なぜこのような差が出てくるのでしょうか。運が良かったからでしょうか、悪かったからでしょうか。それとも、才能があったからでしょうか、無かったからでしょうか。親がお金持ちだったからでしょうか、貧乏だったからでしょうか。

多くの人は悪くなったことは、人のせいや環境のせいにしがちです。しかし、良くなるも悪くなるも、お金持ちになるも貧乏になるも、その原因はその人の考え方にあるのです。時間は大切だと考える人は、時間を有効に使いますが、そう思わない人は、時間を無駄にしてしまいます。

勤勉とは時間を無駄にしないこと

では「時は金なり」という格言を通して、フランクリンは何を言いたかったのでしょうか。フランクリンの「13の徳目」の6番目に「勤勉」が挙げられています。そして勤勉について「時間を空費するなかれ。つねに何か益あることに従うべし。無用の行いはすべて断つべし」と言っています。また「勤勉さ」について次のような考え方があります。


生きていくうえで大切な習慣として、「勤勉さ」があります。

学生時代は勉強に励むことが大事ですし、卒業して社会人になってからは、額に汗してまじめに働くことが大事です。一日の八時間を、だらだら働くのと心を込めて働くのとでは、大きな違いがあります。

「よい仕事ができる」ということは、それ自体が喜びです。職業は喜びの源泉です。だからこそ一生懸命に働けるのです。勤勉であること自体が喜びをともなうのです。

「働くことは苦しくていやだ。働いている時間は損をしている」と考えるならば、人生は不幸です。（中略）そうではなく、「働くこと自体が楽しい」という人生観を持つことが、成功の秘訣であり、幸福になる秘訣でもあります。働くこと自体を楽しみにしていく必要があるのです。(『繁栄の法』大川隆法著、幸福の科学出版より引用)

勤勉で良い仕事ができること自体が喜びであり、幸福になる秘訣でもあるということです。「時は金なり」という格言の中には、時間を無駄にせず、勤勉に働くことが、人生の喜びと生きることの幸せになるというメッセージを含んでいるのではないでしょうか。そして時間は富を生むということを知らせたかったのではないでしょうか。

フランクリンが「13の徳目」の中で勤勉を取り上げ、『プーア・リチャードの暦』の中で「時は金なり」の格言を入れたのは、人は時間を大切にし、勤勉に働くことで生きる喜びと幸せを感じ、豊かになっていけるということを新大陸の開拓者の皆さんに理解してもらい、豊かな国、理想国家をつくろうとしたからではないかと思います。

知識は力となり豊かさを生む

フランクリンはまた多くの人を啓蒙するために、フィラデルフィアにアメリカ初の公立図書館を設立しました。この図書館は成功をおさめ、これを規範にアメリカの他の都市にも図書館が開設されるようになりました。またフランクリンが37歳のときにはアメリカ学術協会を設立し、その8年後にフィラデルフィア・アカデミー（後のペンシルベニア大学）を設立しました。

フランクリンが図書館や学校を設立しようとしたきっかけは、自分自身の学問への探求心と共に、知識は力となり豊かさを生むこと、また彼の父がフランクリンに与えようとして果たせなかった高等教育を多くの人に与えたいという愛の心が、彼の心の底にあったからではないかと思います。教育に内在するもの、そして知識に投資することの素晴らしさについて、フランクリンは次の格言を残しています。

『教育のない天才は、鉱山の中に埋まっている銀のようなものだ』
(Genius without education is like silver in the mine.)
『知識に投資することは、常に最大の利益をもたらす』
(An investment in knowledge always pays the best interest.)

（『ベンジャミン・フランクリンの名言』 https://meigen-ijin.comより引用）

尚、フランクリンが1751年に設立したフィラデルフィア・アカデミーは、現在ペンシルベニア大学となっていることは先に述べましたが、その目的は商業と公務のための実用教育にかなう革新的な教育機関を創設することでした。

フランクリンの建学の精神は現在のペンシルベニア大学にも引き継がれ、奇しくも第45代アメリカ大統領のドナルド・トランプ氏はペンシルベニア大学の経営学部を卒業し1968年に経済学士号を取得しました。

フランクリンの掲げた「決断」「節約」「勤勉」「誠実」「正義」の心、そして「時は金なり」の精神は、ドナルド・トランプ氏にも脈々と流れて、現在のアメリカの繁栄と、世界の平和と正義を護るアメリカの大きな使命を果たす原動力となっているのではないでしょうか。

5. 悪意を持たない

人を害さない

フランクリンは「誠実」ということで「詐りを用いて人を害するなかれ。心事は無邪気に公正に保つべし。口に出すこともまた然るべし」と言っています。これは策略を用いて人を傷つけないこと。悪意を持たず、公正な判断を下すこと。発言するときも同様であるということです。

ここで思い出すのは、リンカーンの「何人に対しても悪意をいだかず」という言葉です。リンカーンはこの言葉をモットーにし実践してきた人です。これはなかなかできることではありません。

リンカーンは「悪意を捨てて、愛を取れ」「人を裁くな、人の裁きを受けるのが嫌なら」という言葉を座右の銘として自分の心を統御してきた方です。

人間は何かあるとすぐに自己中心的な考え方になってしまいます。自分の身に悪いことが起きたり、不利なことが起きたりすると人のせいにしたり、周りや環境のせいにしたりしがちです。また欲得の強い人ほど、策略を用いて人を蹴落としたり、人を騙したり、悪評を立て人を傷つけたりします。

自分さえよければ良いと考え、人に危害を与えたり、不正な行為をする人は、誠実な人間とは決して言えません。そして地位や名誉や財産、そして権力のある人ほど自分の持っているものを守ろうとし、自己中心的な考え方になりがちです。

相手の立場を理解する

本来ならば人の上に立つ人ほど、人の幸せを第一に考えられる人間でなければなりませんが、そういう人間は本当に少ないのです。神の心を忘れ、自分が一番偉い人間だと錯覚し、自分が神になってしまうのです。

誠実であるためには、自己中心ではなく相手を中心に考える人間になることです。そのためには今よりも一段高い視点から物事を考えられる人間になる必要があります。それには相手の立場を理解しようとすることが大切です。

そうすることで自分を超えた高い視点から物事が見えてきます。相手のことが理解できるようになると、相手に対して悪意を持たないようになれるのです。

リンカーンの例をまた出しますが、南北戦争が激化していったとき、彼の妻や側近たちが南部の人たちを罵ったとき、リンカーンは「彼らのことをあまり悪く言うのはおよしなさい。私たちだって、立場を変えれば、きっと南部の人たちのようになるのだから」と言って人に悪意を持たないよう戒めたそうです。相手の立場に立ち、相手を理解しようとすれば人に対する見方が変わり、悪意を持たなくなっていけるのです。

賢者の口は心にある

誠実であることは、神が最も望まれることだと思います。神は公平無私で、すべての人間を愛しています。そしてすべての人間により良くなってもらいたいと祈っています。神がすべての人に公平であるように自分も公平でありたいと願うならば、人に対して公正な判断ができるようになるはずです。

また神がすべての人間に良くなってもらいたい、幸せになってもらいたいと祈るなら、私も人を傷つけるようなことは決してしまいと決意できると思います。フランクリンは名言の中でこのように言っています。

『愚者の心は口にあるが、賢者の口は心にある』
(The heart of a fool is in his mouth, but the mouth of a wise man is in his heart.)(『ベンジャミン・フランクリンの名言』 https://meigen-ijin.comより引用)

これは愚かな人は、物事を公正に判断せず、悪く考え口に出すが、賢い人は心の中で正しく判断し、正しいことを相手に言う、という意味ではないでしょうか。誠実とは「口に出すこともまた然るべし」というフランクリンの言葉につながるように思えるからです。

つまり誠実とは、人を傷つけない心であり、悪意を持たない心であり、公正な判断を下す心であります。そして何よりも神を思う心があってこそ、誠実になれるのではないでしょうか。

「人に悪意を持たない」という言葉を私たちも座右の銘としていきましょう。

6. 中庸の心

極端に走らない

フランクリンは「中庸」について「極端を避くべし。たとえ不法を受け、憤りに値すと思うとも、激怒慎むべし」と言っています。

中庸とは両極端に走らないということでありますが、これは約2500年前インドで釈迦が説いた中道の教えとも重なるものであります。

釈迦はゴウタマ・シッダールタという名で釈迦族の王子として生まれましたが、その何不自由のない生活の中にも人生の虚しさを感じ、悟りの道に入るため、すべてを捨て出家し修行生活に入りました。

6年近い歳月を費やし、あらゆる苦行を続けましたが、最後はあばら骨と皮一枚になるまでやせ細り「ああ、これで本当にいいのだろうか」と思うようになったとき、スジャータという村娘がやってきて、ミルク粥を差し出されます。そのとき釈迦は、最初の悟りとして「苦楽中道」が大事であるということを悟りました。

それは何年間もあばら骨と皮一枚になるほど山中で苦行をしても、またカピラ城の中で何不自由なく優雅な生活を送っても、それは悟りとは無縁のものだったということです。本当の悟りとは、この両極端を否定した中に、真理探究の道がある、ということでありました。

これが釈迦の最初の悟りであったわけです。このように何事も極端であってはならないという考え方は、釈迦や孔子の教えにも通じるものであります。

忍耐する力

また「中庸」の中に、「たとえ不法を受け、憤りに値すと思うとも、激怒慎むべし」という言葉がありますが、これはたとえ理不尽と思われることがあっても激怒せず、忍耐すべきときは忍耐することが大切だという考えです。

人間は怒りによって、理性を失い判断を誤ることが多くあります。そして人に対する憎しみ、恨み、悪意などマイナスの感情が出てきます。そして非人道的な言動や行為に至り、取り返しのつかない結果となってしまいます。

激怒は、中庸から外れた極端な感情なのです。そのときには忍耐することが大切であり、またそれは他人を害さず自分も害さないことになるのです。

しかし忍耐するときには力がいります。忍耐する力、忍耐力が必要なのです。この忍耐力は何によって育て強めることができるのでしょうか。

忍耐力を育てる

忍耐力を育て強めるためには、明確な目標・目標実現意欲・自信・計画の明確化・正確な知識・マスターマインド・意志の力・習慣が必要であるとナポレオン・ヒルは言っています。


明確な目標がなぜ忍耐力を育てるのに必要なのでしょうか。それは人生の目標を明確にすることによって、何をしなければならないかがはっきりとしてくるからです。

例えばあなたが医者になるという明確な目標を立てたとします。目標を達成するには、数学が苦手でも忍耐と努力でそれを克服していかなければなりません。このように明確な目標を立てることで、困難を克服する忍耐力が養われるのです。

目標実現意欲とは目標達成のための情熱でありモチベーションです。これによって忍耐力は増してきます。やる気があれば我慢できるということです。

また忍耐力を支えるのは自信です。自分にはできると自分の能力を信じることです。自信が出てきたらしっかりと計画を立てることです。具体的な計画を立てることによって漠然とした不安は無くなります。それによってさらに忍耐力は高まるのです。

また具体的な計画を立てる上で必要なのは、正確な知識です。それは自分の経験や研究から得られた知識以外にも他から得られる貴重な情報もあるでしょう。正確な知識は、心の支えとなり忍耐力を支える力ともなるはずです。

マスターマインドについては、その定義をナポレオン・ヒルはこう述べています。

『明確な目標を達成するための二人ないしそれ以上の人たちによる、調和された、知恵（そして知識）と努力の協力関係（もしくはそういう関係にある人を指す）』（『思考は現実化する』ナポレオン・ヒル著、きこ書房より引用）

このマスターマインドが忍耐力にどう影響するかというと、マスターマインドを持った人々の協力関係が心に調和をもたらし、1＋1が2ではなく、5にも10にもなるということです。それによって心がさらに強くなり忍耐力も強化されるということです。

また物事をやり遂げようとする強い意志の力も忍耐力を育てるには必要です。そして最後は習慣をつくることです。忍耐力を習慣として身につけることは忍耐力を育てる最大の力となることを忘れないでください。

大きな目標を持つ

「中庸の心」は、両極端に走らず忍耐という心の力を使って自分を律してゆくことではないでしょうか。また忍耐力は自分の人生の目標を明確にし、計画を立て、情熱と知恵と意志の力で人生の目標を達成していくために必要な力であると思います。

フランクリンが若くしてこの「中庸」のことを考えたということには驚かされますが、それだけ達成すべき大きな目標と夢が彼の心の中に、はっきりとあったのではないでしょうか。

フランクリンは常に先を見ながら手を打っていた人であります。合衆国の独立に際しても、武力だけでイギリスと戦うのではなく、先を読み勝つべくして勝つ戦いを考えていました。

フランクリンは独立戦争中、欧州諸国と外交交渉を積極的に進め、米仏同盟を結ぶまでに至りました。米仏同盟を結ぶことによりイギリス軍は孤立していき、合衆国は勝つための条件を整えながら戦うことができるようになりました。

フランクリンは智慧を使いフランスやオランダ、スペインを味方につけていきます。外交官として要求される能力は、先見性であり、交渉力であり、説得力であり、感化力であります。

フランクリンは合衆国が欧州から独立して自由で民主的な国になるという大きな目標を持ち、それを達成するために「中庸」の考え方を取り、忍耐力を培い、我慢するところは我慢し、計画を立て、情熱と知恵と意志の力で交渉相手を味方につけていったのではないでしょうか。大きな目標を成し遂げるためには、フランクリンの「中庸の心」が何よりも大切だと思います。

7. 謙譲の徳

神に対してへりくだる

フランクリンの「13の徳目」のうち、「謙譲」は一番最後になっています。そしてその説明は、「イエスおよびソクラテスに見習うべし」と書かれているだけです。何か不思議に思う方もいらっしゃったのではないでしょうか。

実はフランクリンが最初に作った徳目は12項目しかなかったのです。ところがフランクリンの友人が親切にも「謙譲」の項目を加えるように進言したそうです。

フランクリンは人と議論するとき、自分の正しさを認めさせるため、これでもか、これでもかとかなり強引な態度で話していたようです。その態度が不遜であると友人から指摘され、謙譲の徳を最後に加えたとのことです。

フランクリンは他の意見に真っ向から反対したり、自分の意見を独断的に主張していたようです。それが愚行であったと反省し、「謙譲」を徳の中に入れイエスおよびソクラテスに見習おうとしたのです。

イエスは神を深く愛し、神の愛を告げ知らせるとともに、神に対してはいつも謙虚であり、へりくだっていました。またソクラテスは神の叡智を自覚することで、神の偉大さに比べ賢者と呼ばれる人たちがあまりにも無価値で尊大になっていることを知り「無知の知」を訴えていたのです。

謙譲とは、「へりくだりゆずること。自分を低めることにより相手を高めること。また、ひかえめであるさま」であります。人間は常に神に対してへりくだり、神を称えることが大きな徳となっていくのだと思います。

8. 大いなる志をいだく

神の叡智を授かる

フランクリンが信仰の人であったことは、彼の自伝からもうかがえます。彼の自伝には、このように書かれています。

「万物を創造し給うた唯一の神が存在する。神は摂理に従ってこれを治め給う。神は畏敬と祈りと感謝をもって崇めるべきである。神のもっとも喜ばれる奉仕は人に善をなすことである。霊魂は不滅である。すべての罪と徳行は、現世あるいは来世において必ず罰せられまたは報いられる。」等については、私は決して疑ったことはない。これらはあらゆる宗教の本質であると考えていた。（『フランクリン自伝』岩波書店より引用）

またフランクリンは、智慧の泉である神から人間が智慧を得ることは当然だと考え、次のような祈祷文もつくりました。

おお、全能の神よ。恵み深き父よ。慈悲深き指導者よ。わがまことの道を見出すかの智慧を増やさせ給え。その智慧の指し示すことをなしとげる決意を強めさせたまえ。我と同じく、汝の子なるものに対する、我が心からのつとめを果たさせたまえ。それは、汝のた

えざる恵みに対して我がなし得る唯一の報いなり。（『フランクリン自伝』岩波書店より引用）

フランクリンは、神のために少しでも報い、人々のために貢献できるように、神の叡智を神から授かることを心から願っていました。そしてそのための祈りを毎日神に捧げていたのです。

信仰とは神を思い続けること

信仰とは、真実の神を思い続けることです。そして神の持っておられる心を自分自身も持ちたいと願う心です。フランクリンは、神の力を得て、立派なアメリカ合衆国を建国したいと思っていたからこそ、神に対する敬虔な祈りを毎日捧げていました。

リンカーン大統領も南北戦争において60万人以上の犠牲者を出しましたが、それでもアメリカが南北に分裂することなく、統一国家として存続し、奴隷制のない民主国家となることが神の願いでもあると信じ、毎日神の前でひざまづき、泣きながらアメリカ合衆国が一つになることを祈っていました。

こうした建国という偉大な事業は人間だけの力では決してできないことなのです。為政者たちは、常に神の心を忖度しながら国家建設、そして国家の運営をしていかなければなりません。そして謙虚で、驕り高ぶることなく、神の心を心として、自分のためではなく、人々の幸福のために、国家の建設をしていかなければならないのです。

神を信じ、大きな志を持つ

今、日本人の多くは信仰心を失っています。信仰心を失った人間はどうなるのか。神を信じることができなくなった人間はどうなるのか。それは糸の切れた凧のように風に流され、錨のない船のごとく大海原をさまよう存在となってしまうのです。

神の存在を信じず、人間の本来の目的と使命が分からなくなった人は、夢も希望もなく、ただその日その日を刹那的に生きている存在になってしまうのです。神の目から見たら実に哀れな存在であります。

子供が、親を見失い寂しくさまよっている姿を見て、その親は実に悲しく切ない思いをしているのです。何とかして救ってあげたいと思っているのです。それが神の心であるということを知ってください。

それゆえに、今この日本に必要なのは神の存在を信じ、勇気を持って自分たちの国を良くしていこうとする人たちが出てくることです。そしてこの日本が他国から侵略されることなく、繁栄し続け、世界のリーダーとしての役割を果たせる国になれるよう、新たな建国のリーダーとなろうと決意する人々が出てくることです。真の自由・民主・信仰を守る人々が出てくることです。

大いなる志をいだいてください。そして大きなことを考えられる人となってください。決して小さな考えで終わってしまってはならないのです。多くの人に喜びを与え、希望を与え、真の豊かさを与えられる人になってください。

第4章　正しきものよ、強くあれ

1. 人生は一冊の問題集

各人に与えられた問題集を解く

皆さんは、ご自身の考え方の傾向性をつかむことができましたか。自分の中にある良き考え方の傾向性を発見できたでしょうか。また今後の人生の目標、そして大きな志を立てられたでしょうか。目標、そして大きな志を持って生きることは人生大勝利への第一歩です。

「人生は一冊の問題集である」と言われます。これは、日蓮上人の霊言（『霊言全集第一巻』大川隆法著、宗教法人 幸福の科学）の中にある悟りの言葉です。

人間は生きている間に、いろいろな問題にぶつかります。それは各人に与えられた問題集であり、その問題集は人によって違います。

似たような問題はあるかもしれませんが、与えられた問題は各人によって違うのです。その問題は人に頼らず、各人が努力して解いていかなければいけないのです。

仏神は、もちろん、その答えを知っています。しかしそれを安易に教えることはしないのです。仏神は、その人の生活態度や努力の程度を見ています。問題を解こうと努力していない人には、答えは教えられません。しかし真剣に問題を解こうと努力している人には、夢やひらめきを通してヒントを与えてくれることもあります。

そして一つの問題が解けると、次の問題がやってきます。人は自分に起きてくる様々な問題を解きながら年を取っていきます。しかしその総合点が合格点に達しているのかどうかは本人にはわからないのです。

人は死んだらあの世に帰る

人はいろいろな問題を解きながら、この世の人生を終えるとあの世に帰ります。あの世があることを知ることはとても大切なことなのです。人が死んだら葬式を行ないますが、葬式の本来の目的は僧侶が死んだ人に本人が死んだことを知らせ、この世に未練を残さず、無事に帰天できるよう経文を唱え、死者をあの世に送ることなのです。

生きている間、自分が築いた地位や名誉や財産に執着する人はたくさんいます。しかし人は死んだらこの世の地位や名誉や財産をあの世に持って帰ることはできないのです。皆さんも「三途の川」という言葉を聞いたことがあると思います。その川にこの世の執着や、持って帰れないものをすべて捨てていきます。この身一つにならないと三途の川を無事渡ることはできないのです。

臨死体験した人たちがよく言うことですが、三途の川を渡り切ると、きれいな菜の花畑が見え、そして亡くなった両親や会いたかった懐かしい人が迎えてくれます。またあの世に帰ると、シアターのようなところに案内され、これまでの自分の人生ドラマを短編映画のように観せられます。それを観て今回の人生が合格であったかどうかが自分でわかるようになるのです。

シアターに入ると、自分に縁のある霊人や他の霊人たちが観に来ています。そしてその人たちが観ている中で自分の人生ドラマが上映されるのです。

自分が他人を助けた場面が出てきたとき、観客はみな拍手して喜びます。逆に他人を騙したり、暴力を振るったり、悪態をついたりして他人を不幸にした場面が出てくると場内はシーンとしてしまいます。

この人生ドラマを観せられることにより、自分の今回の人生が成功であったか失敗であったかがはっきり分かってくるのです。

もう少し修行をしなければならないと感じた人は、それにふさわしい世界で修行することなるのです。しかし現代では仏神を信じず、あの世を否定し、死ねばすべては終わりだと考える人が増えてきています。

そうした人が一生を終えると、自分が死んだことも分からず、変な夢を見ているのではないかと思い、この世でさ迷い、自分の兄弟や友達に悪さをする人もいます。しかし残念ながらそういう人は、地獄の道へと向かうことになるのです。ですからあの世があり、魂は死んでも存在するということを、生きているうちに知ることがとても大切なのです。

自分の人生の問題集に気づく

人は生きている間に、自分の人生の問題集に気づくことが大切です。あなたはこれまで「自分は何のために生きているのだろうか?」と悩んだことはありませんでしたか。その悩みこそ自分を深く見つめるために必要なものなのです。

自分を深く見つめたとき、そしていろいろな困難にぶつかり、どうしたらよいか分からなくなったとき、あなたの人生の問題集が見えてくるのです。

あなたの問題集が何であるかを知るためには、現在ただ今あなたが抱えている悩み、一番深い悩みを知ることです。あなたの問題集は、現在抱えている最も深い悩みという形で表れてきます。それはあなた自身のカルマ、やり残した問題との対決であるかもしれません。まずこの問題と向き合い解決しなければなりません。

これを解決することは、今世のあなたの課題であり、目的でもあるのです。その難問は、あなたの魂を輝かせるヤスリであるかもしれません。痛みを感じるかもしれません。苦しいかもしれません。しかし、それがあなたにとって今世の魂修行であることを忘れないでください。

このように、人生の問題集を解くことは容易なことではありません。それは誰にとってもそうなのです。それを避けて通ることはできません。しかしあなたに解けない問題を、仏神は与えません。あなたの努力によって必ず解ける問題集なのです。こうした問題集を与えてくださるのも仏神の深い愛だということを知ってください。そしてこの問題集を解くためのヒントとなるのが、人生大勝利への方程式であるのです。

2. 真理の世界を目指す

正しい価値観を持つ

人生の問題集を解く上で大切なことは、正しい価値観を持つということです。そして正しい価値観を教えるのが教育のあるべき姿です。しかし戦後の日本の教育は日本国憲法に基づいて行なわれていますが、日本国憲法第二十条第三項では「国及びその機関は、宗教教育その他いかなる宗教的活動もしてはならない」と記されています。

現在の日本では、一部の私学やキリスト教系、仏教系の学校を除き、一般の国公立の学校においては宗教教育は禁止されています。これは明らかに正しい価値観に基づいた教育ではありません。

教育というものの本質は真理の探究です。真理とは本当に正しいことであり、それが何かを探究するのが本来の教育の本質です。そして真理の核の部分には仏神の心、創造主の心があるのです。それを探究するのが本来の教育であるにもかかわらず、戦後の日本の教育はそれを禁止しているのです。

善悪のけじめをきちんとつける

真理を探究することにより、何が正しいか間違っているか、何が善で何が悪かを知ることができるのです。これなくして人生の問題集を解くことはできないのです。

戦後の日本の教育を受けた人たちのほとんどは、悲しいかな、その善悪の判断ができず、闇夜の中を手探りで歩いている状態に等しいのです。また教師も何が正しいか、間違っているかの価値判断ができないでいるのです。それゆえ公立の小学校、中学校ではいじめが日常茶飯事になっています。

教育現場は、今、かなり弱ってきてはいるのですが、日教組系によく見られる戦後民主主義の非常に弱い部分、つまり、責任逃れをする民主主義、問題解決をせず、「なあなあ」で仲良くさせ、話し合い路線で片づけようとするような民主主義が、いじめを増殖させています。

要するに、「民主的に話し合って解決しなさい」というのは、逃げなのです。「何が正しくて、何が間違っているのか」という価値判断が働いていないから、そういうことをきちんと言えないのです。

教師のほうは、そういう倫理観、正義観、善悪の考えが弱いため、「民主的に話し合いなさい」「みんなで決めなさい」「私は見ていないのだから」などと言って、逃げ始めるわけです。

これでは、どうしようもありません。数において、いじめグループのほうが多くなったら、もうどうにもならないのです。

そういうことがありうるので、やはり、善悪のけじめをきちんとつけなければ駄目です。そのもとになる価値基準を持たなくては駄目なのです。(『教育の法』大川隆法著、幸福の科学出版より引用)

何が正しくて、何が間違っているか、その善悪のもとになる価値基準を持つことの重要性が述べられています。その価値基準が分からないから今の学校では、人間として生きていくための正しさやその目的を教えられないのです。

宗教の教えの大切さ

「人間は何のために生きているのか、死んだらどうなるのか、なぜ殺生はいけないのか、何が善で何が悪なのか……」そうしたもととなる価値基準を教えるのが宗教教育なのです。宗教教育がいかに大事であるかということを理解していただけたのではないでしょうか。

また宗教の教えで大事なことは、人間は死んだら、みなあの世に帰るということです。あの世は善悪の区別がはっきりとした世界で、善人は天国に帰り、悪人は地獄に落ちます。

この世で生活しているとき、いくら善人を装っていても、心の中でいつも悪いことを考えていた人は天国には帰れません。なぜなら、あの世は思いがすべてで、悪しき思いは、天国の波動と合わないからです。このことが分からないで生きている人がたくさんいます。

皆さんは驚くかもしれませんが、この世で総理大臣をした人や、大会社の社長であった人でも天国へ戻れず、暗い地獄の世界に行っている人はいるのです。これはこの世の地位や名誉や財産がすべてではないということです。

あの世は思いの世界であります。その人がいつも何を考えていたか、どういう思いで生きていたかによって帰る世界が違ってくるということが真実であるのです。地位や名誉や財産があった人でも、総理大臣や大会社の社長であった人でも、日々何を考えて生きていたかが問われるのです。

しかし本質はそんなに難しいことではありません。善き思いで生きた人は天国に帰り、悪しき思いで生きた人は地獄に行くということなのです。この簡単なことを今の学校では教えていないのです。

光り輝く真理の世界

あの世は霊的世界であり、霊界とも言います。霊界の中に天国と地獄があるのですが、それは決して二分されるものではなく、地獄は霊界の一部分なのです。霊界は4次元界から9次元界まであります。次元が上がるにしたがって高次な世界になっていきます。しかし地獄の世界は4次元界の一部にしか過ぎないのです。

地獄以外の世界はとても素晴らしい世界です。それは天上界とも言われますが、その天上界は光り輝く真実の世界であり、また真理の世界でもあるのです。

そして真理の世界にいる人たちは信仰心を持ち、明るく、建設的で、素直で、積極的なプラスの考え方に満ちています。この真理の世界を知ったなら、あなたも信仰心を持ち、明るく、建設的で、素直で、積極的なプラスの考え方に向かっていきます。

与えられた問題集を解く鍵が、この真理の世界の中にあることに気づくでしょう。その気づきがあなたを真理の世界へ誘います。是非この光輝く真理の世界に入ることを目指してください。そして心の波長を真理の世界の波長に合わせたなら、創造主の心と一体となり無限の富を得ることができるのです。

富は大宇宙に遍満しているのです。そして富の本質は「豊かさ」という概念なのです。その「豊かさ」という概念が地上に現れたとき、この世の金銭的なものとなったり、それ以外の様々なかたちで現れてくるのです。「豊かさ」というものは大宇宙の中にある創造主の偉大なる要素であることを知ってください。

3. 真の正しさとは何か

「正義」の価値基準は神を信じる心

何が正しくて、何が間違っているか、その判断のもとになる価値基準を持つことが重要です。それは「正しさ」、また「正義」というものがどういう価値基準によって決まるのかということでもあります。

この正しさの考え方には政治的なものと経済的なものがあります。政治的な正義をめぐっては、これまでの歴史の中で様々な争いが起こってきました。日本の歴史の中でも戦国時代や幕末の戦いがあり、中国においても、ヨーロッパにおいても様々な戦いが正義の名のもとで繰り返されてきました。その原因となるのは、何をもって「正義」とするかということであり、その価値基準の違いにあるのです。

「正義」に関し、世界には、大きく言って二種類の考え方があります。

一つは、「正義は神の領域にある」という考え方です。「『正義であるかどうか』は神がお決めになることである。これは神の領域であり、これを人間が決めることはできない」という考え方が一つあるのです。これは、宗教国には、けっこう根強くあります。

もう一つは、神のところを外して、「正義とは、人間が民主主義で決めるもの、すなわち、『投票によって選ばれた議員たちが議会で決めた法律』によって決めるものである。『多数によって決められた法律』に反したものは、正義ではなくて悪であり、それに則ったものが正義である」という考え方です。(『正義の法』大川隆法著、幸福の科学出版より引用)

大きく分けて世界には「正義が神の領域に属しているのか、それとも人間の側で正義を決められるのか」という二つの価値観があるということです。その価値観の違いによりその国の政治的な判断もいろいろと異なってきます。

世界には今、民主主義国家と共産主義国家の二つがあり、正義のとらえ方が全く違っています。そこには信仰の自由を認めるか認めないかの違いがあり、信仰の自由を認めない国には「神の正義」は存在しないからです。

今、中国は共産党による一党独裁国家であり、マルクス・レーニン主義を信奉する無神論・唯物論国家であると言えます。

無神論、唯物論とはどういうものかと言うと、「精神世界を否定し、科学的に実証できないものは認めない」という考え方です。

そして現代において深刻な問題となっているのが、核兵器の問題です。核兵器はその使い方を間違えれば全人類を滅ぼすこともできます。

現在核兵器を保有している国はロシア、アメリカ、中国、フランス、イギリス、インド、パキスタン、北朝鮮、イスラエル（一般的に核保有国と見なされている）の9か国ですが、これらの国に「正義」があるのかどうかが問題であるのです。「正義」の価値基準がどこにあるのかが問題なのです。

全人類が平和で安全な生活と環境を維持していくためには、「正義」の価値基準をしっかりとつくっていくことが大切です。自分の国だけが良くなることを考えるのではなく、世界中の人々、そして国々が共存、共栄できる社会をつくることを考えていかなければなりません。それが正しい価値基準だと思います。

創造主はこの宇宙を、そしてこの地球を良きものとして創造されたのです。そうであるならば、正しい価値基準の本質はやはり創造主である神を信じる心、信仰心にあると思います。神を信じる心は「正義」の価値基準のもとにあるものなのです。

「結果平等」と「チャンスの平等」

正しさには「経済的な正しさ」とは何かという問題もあります。この「経済的な正しさ」の考え方にも二種類あるのです。

一つは社会主義経済の考え方です。その根本は、人間はみな平等であり貧富の差があるのは間違っている、という「結果平等」の考え方です。これは「格差社会を是正し、格差をなくすことが正義だ」という今の日本の社会主義的考え方にも通じています。

もう一つは資本主義経済の考え方です。それは富は人の努力や精進によって得られるものでそのチャンスを妨げてはならない、という「チャンスの平等」の考え方です。「チャンスの平等」の考え方の根本は、人間は生まれや育ち、身分や学歴、また肌の色の違いや言語の違いによって差別されるのは間違っている。すべての人にチャンスを与えることが正義であるということです。

経済的「正しさ」は発展につながる

経済的な正しさの中で「結果平等が正しい」とする考え方と「チャンスの平等が正しい」とする考え方の二つがあると述べましたが、大切なのはどちらの考え方でやっていけば、人間は本当に幸せになれるのか、経済は発展できるのかということだと思います。

現在日本には、たくさんの会社があります。多くの人が喜んでくれる商品を知恵を絞り、汗を流してつくっている会社もたくさんあります。競争は激しいかもしれませんが、会社がお互いに切磋琢磨することによって、消費者は安くてよいものを買うことができるのです。そして生活も楽になり経済も発展していくことができます。

競争の原理を無くし、どの会社も同じものをつくるならば、会社は創意工夫をすることもなく、消費者も購買意欲がなくなります。そして経済も停滞し国家も衰退していくでしょう。

日本が今よりももっと経済的に発展していくための「正しさ」は何でしょうか。今必要なのは、日本にある多くの中小企業、ベンチャー企業にも、ビジネスチャンスをもっと与えることだと思います。

新しい市場を開拓し、若者の知恵やアイデアを生かし起業しやすい制度や環境をつくることが大切です。宇宙開発、海洋開発、農業改革、教育改革、ＡＩや３Ｄ開発などにより新しい市場はたくさんあります。

それを実行するにはチャレンジ精神と発展的考え方が必要です。それには何が正しい経済政策かをもっと真剣に考えなければならないと思います。日本の若者は非常に優秀です。今のデフレ経済から脱却し、明るい日本の未来を築いていくためにも、もっと若者の力を発揮させる経済政策を考えることが大切なのではないでしょうか。

正しい経済政策は明るく積極的で建設的かつ発展的な考え方の中にあります。それには成功するためのチャンスは平等にし、なるべく多くの人にその門戸を開いてあげ、それぞれの力を発揮させてあげることです。結果平等のみを考えず、お互いに切磋琢磨することも大切です。その結果、経済的に発展し豊かになっていくならば、それが経済的「正しさ」と言えるのではないでしょうか。

創造主の視点に立つ

経済的「正しさ」は国や社会が豊かになり、産業が発展し、企業が利益を出し、人びとの生活がうるおい、それがさらに良くなっていくことによって証明されるのではないかと思います。

この大宇宙や銀河、惑星、地球そして人類を創られた創造主は、無限の富を持っておられ、無限の発展を望んでおられます。そして人類が無限に発展していくことは創造主の願いでもあるのです。

経済的「正しさ」は無限の発展にあると思います。この日本にも松下幸之助という経済的「正しさ」を実証した偉大な経営者がいました。

松下幸之助氏は「経営の神様」と言われた方で、戦前から戦後にかけて日本の経済的発展に大きく貢献された方です。戦後日本が焼け野原となり、すべてを失ったとき松下幸之助氏も従業員に支払う給料もなく借金王とまで言われたほどでした。しかしそのどん底から奇跡の回復を成し遂げ次々と新製品を作り出していったのです。

逆境をものともせず、会社を発展、繁栄させ、日本を豊かにしていった松下幸之助氏の経営理念とは一体どのようなものだったのでしょうか。

正しい経営理念というものは、単に経営者個人の主観的なものでなく、その根底に自然の理法、社会の理法といったものがなくてはならない。それでは、その自然の理法、社会の理法とはどういうものだろうか。これは非常に広大というか深遠というか、人知をもってきわめ尽くすことは難しいといってもいいものであろう。しかし、あえていうならば、私は限りない生成発展ということがその基本になるのではないかと思う。

この大自然、大宇宙は無限の過去から無限の未来にわたって絶えざる生成発展を続けているのであり、その中にあって、人間社会、人間の共同生活も物心両面にわたって限りなく発展していくものだと思うのである。

そういう生成発展という理法が、この宇宙、この社会の中に働いている。その中でわれわれは事業経営を行なっている。そういうことを考え、そのことに基礎を置いて私自身の経営理念を生み出してきているわけである。（『実践経営哲学』松下幸之助著、ＰＨＰ研究所より引用）

松下幸之助氏は、この宇宙は限りない生成発展の世界であり、この宇宙の理法の中で個人的主観を無くし日々新たに生成発展の道を歩み続けていくならば、おのずとその道は開けていくということを信じていました。

それは正に大宇宙の中には無限の富があるということを悟っておられたということであります。この無限の富を引き寄せていくためには、すべてのものは生成発展しているという創造主の視点が必要なのです。これは「真の正しさとは何か」を考える中でも非常に大切なことだと思います。

あなたが「真の正しさとは何か」を考えるとき、個人的主観や人間的判断から一旦離れ、もっと大きな視点、創造主の視点に立つことが大切です。そして本当に人々が幸福になっていく方法とは何かを考え続けていくことが大切だと思います。その中であらゆる問題において何が正しいかという「正しさ」の価値判断ができるようになると思います。

4. 正しき者よ、強くあれ

真理の世界に入る

正しき者とはどういう人でしょうか。それは真理の道を歩み、真理の世界に入ろうとする者ではないでしょうか。

この世においては、弱肉強食の世界が展開されています。人を押しのけ、人を蹴落とし、あわよくば、人の利益を自分のものとしようとする人たちがたくさんいます。

こうした世界で、真理の道を歩もうとする人、善なる道を歩もうとする人、また他の人たちのために生きていこう、愛を与えていこうとする人たちは辛い思いをするかもしれません。人からバカにされるかもしれません。

しかしそんなことで怯んではならないのです。真理の世界から見たら、この世のお金も、財産も地位や名誉、権力も何の意味もなく価値のないものなのです。それらは真理の世界に持って帰れるものではないのです。真理の世界に持って帰れるものは、人に対して与えた愛であり、誠意であり、真心なのです。また感謝の心であり、祝福の心であるのです。

そうであるならば、正しきものは、強くあらねばなりません。決して怯んではならないのです。そして他の人に対して決して怒りや憎しみ、攻撃心、嫉妬心を持ってはならないのです。どんなことがあっても他の人の幸福を願って生きていくことが大切なことなのです。

他の人の幸福を喜ぶ

正しい者となるために必要なのは、正しい信仰を持つということです。動物たちには信仰はありません。人間が人間として正しい道を歩んでいくには、正しい信仰が必要なのです。

正しい信仰に入るには、「他の人の幸福を喜ぶ」という心が大切です。他の人が幸せに生きているのを見て、羨んだり、妬んだり、嫉妬してはいけないのです。ましてその人を傷つけたり不幸にしようと思ってはいけません。それは悪魔の心だからです。

たとえ今自分が幸せな状態でないとしても、幸せな人を祝福する心が大切です。思いは必ず実現するからです。幸せな人、豊かな人を祝福することができれば、必ずあなたも幸せになり、豊かになれるということを知ってください。仏神はあなたが心から望むことを与えてくれるからです。

霊的な人生観を持つ

次に大切なことは、「霊的な人生観を持つ」ということです。毎日の忙しい生活の中にあっても、人間は永遠の魂を持った存在であり、その魂修行のために今いろいろなことを経験しているのだということを知ることです。

死んでもあの世があるということを以前言いましたが、いずれこの世を卒業し、あの世の世界に飛び立っていくということを頭に入れ、いろいろなことを学び尽くし自分の使命を果たしていこうとすることです。

信仰によって仏神から見てよしとされる人生観を持ってください。

希望の未来を創る

最後に大切なことは、正しい信仰を得て正しい道を歩んでいる者は、何物にも屈することなく理想の世界を思い描くことです。そして希望の未来を創っていくことです。

正しい者は強くあらねばなりません。あなたを惑わすいろいろな誘惑に負けてはいけません。たとえつまずいても失敗しても失望してはいけません。失望はあなたの夢を打ち砕く悪魔の使い慣れた道具だからです。悪魔は失望の矢を打つことであなたのやる気や夢を消し去ります。

その失望の矢を受けないためにも、正しい信仰に入り、仏神を信じ、自分を信じてください。そして大きな理想を持ち続け、もっともっと強く生きてください。正しき者よ、強くあれ。

あとがき

思いには力があり、その人がいつも考えていることがその人自身をつくっていくという考え方は、私にとっても非常に刺激的なものでした。そして自分自身を見つめ直すきっかけともなりました。皆さんはいかがでしたでしょうか。

私が精神世界に関心を持ち始めたのは大学一年生のときでした。当時私はカトリックの大学に通っていました。その大学では必修科目に「人間学」というのがあり、その授業はイエズス会の神父様が担当していました。

担当の神父様はグスタボ・アンドラーデ先生でしたが、その授業で最初に私たちに与えた課題は「死後の世界」についてレポートを書きなさいというものでした。

受験勉強から解放されたばかりの私には、まったく予期していない問題でした。とりあえず私は書店に行きそのたぐいの本を何冊も探し、その中で一冊私の目に留まった本がありました。それはスエデンボルグが書いた『天界と地獄』という本でした。

その本を読んで特に印象深かったのは、天界の様子が非常に詳しく書かれており、天界における仕事や住居、また天使の智慧や愛などを知ったこと、また地獄の世界が自己愛に生きた人間が行く世界であることを知ったことでした。

幽霊とか霊界というと多くの人はおどろおどろしいものと考えがちですが、スエデンボルグ自身が実際に霊体離脱して見てきた霊界、特に天界は私たちが想像できないほど素晴らしい世界であるということを確信できたことは私にとって大きな感動でした。

私はアンドラーデ先生との出会いを通して精神世界の素晴らしさを教えていただいたことを今でも深く感謝しています。アンドラーデ先生は2015年4月に生まれ故郷のコロンビア、ボゴタで帰天されましたが、上智大学におられたときイベロアメリカ研究所の所長をされており、『変動するラテンアメリカ社会』などを出版され、戦後の日本経済の発展にも貢献された方です。また個人的にも私たち夫婦の結婚式の神父もしてくださり、この場をお借りして心からの感謝を申し上げます。本当にありがとうございました。

私は学生時代ジョセフ・マーフィーの潜在意識を使って自己実現してゆく成功法則にもとても関心を持っていました。しかしこの考え方はアメリカの牧師であるノーマン・ヴィンセント・ピールの『新訳 積極的考え方の力』、そしてナポレオン・ヒルの『思考は現実化する』の中にもたくさん入っております。

即ち常々思っていることが潜在意識を動かし、積極的に考えることで成功がもたらされるということです。

ポジティブ・シンキングの手法は多くのアメリカ人の心の問題を解決し、アメリカ社会に大きな影響を与えました。このアメリカで広まった自己実現の考え方は日本でも1970年代に注目され始め、各地で自己啓発セミナーが開かれるようになりました。

ところが'90年以降バブルが崩壊して以来、日本人にはこのポジティブ・シンキングがどこかへ行ってしまったように思います。「積極的に思ったことは必ず実現していく」「未来に対して希望を持つ」「あなたがいつも考えていることがとても重要で、それがすべてなのです」という考え方は、本当の幸せを求める世界中の人々に受け入れられ、彼らの夢を実現させる大きな力となっていることを知ってください。

私は日本には古来から世界に誇る素晴らしい調和の精神があると思っています。そして今の若い人たちが精神的な世界をもう一度見直し、神を信じ、自分を信じ、真の発展と豊かさを思い描き、行動していったならば、日本は必ず世界をリードする国となれると思っています。本書が皆様に大きな志と目標を持たせ、夢を実現させるきっかけとなれば幸いです。

引用・参考文献

イマヌエル・スエデンボルグ　『天界と地獄』　静思社
HSエディターズ・グループ編　『宇宙時代がやってきた！』　幸福の科学出版
大川隆法　『永遠の法』　幸福の科学出版
大川隆法　『教育の法』　幸福の科学出版
大川隆法　『幸福の原点』　幸福の科学出版
大川隆法　『信仰の法』　幸福の科学出版
大川隆法　『成功の法』　幸福の科学出版
大川隆法　『正義の法』　幸福の科学出版
大川隆法　『創造的人間の秘密』　幸福の科学出版
大川隆法　『太陽の法』　幸福の科学出版
大川隆法　『繁栄の法』　幸福の科学出版
大川隆法　『瞑想の極意』　幸福の科学出版
大川隆法　『真実への目覚め』　幸福の科学出版

大川隆法『霊言全集第一巻』宗教法人 幸福の科学
大島淳一『マーフィー 100の成功法則』（知的生きかた文庫）三笠書房
カール・ヒルティ『生きる喜びは、仕事とともにある ヒルティの幸福論』（知的生きかた文庫）三笠書房
グスタボ・アンドラーデ／堀坂浩太郎編『変動するラテンアメリカ社会「失われた10年」を再考する』彩流社
月刊『幸福の科学』361号
月刊『幸福の科学』231号 心の指針第17針
サミュエル・スマイルズ『向上心』（知的生きかた文庫）三笠書房
D・カーネギー『道は開ける』創元社
Dagobert D. Runes『The diary and observations of Thomas Alva Edison』Ergodebooks
ナポレオン・ヒル『思考は現実化する』きこ書房
ネルソン・マンデラの名言・格言集 https://iyashitour.com
ノーマン・ヴィンセント・ピール『新訳 積極的考え方の力』ダイヤモンド社
浜田和幸『未来を創る エジソン発想法』幸福の科学出版

ベンジャミン・フランクリン　『フランクリン自伝』　岩波書店
ベンジャミン・フランクリン　『プーア・リチャードの暦』　ぎょうせい
ベンジャミン・フランクリンの名言　https://meigen-ijin.com
松下幸之助　『実践経営哲学』　ＰＨＰ研究所
渡部昇一　『自由をいかに守るか　ハイエクを読み直す』　ＰＨＰ研究所
渡部昇一　『知的生活の方法』　講談社

本書は二〇二〇年一月に幻冬舎メディアコンサルティングより単行本として
刊行された作品を改稿し文庫化したものです

著者紹介

清水保夫（しみず やすお）

印刷会社経営。1953年東京生まれ。

上智大学経済学部経済学科卒業。上智大学グリークラブOB。

1990～1991年コロラド大学デンバー校に留学。スペイン語専攻。

帰国後、脳関連障害者への奉仕団体MOMO東京パイロットクラブで奉仕活動に従事。2001年度会長。

幸福の科学上級研究員。

シニアプラン21の2019年度起業キャリアコース講師。

理想《りそう》の人生《じんせい》を現実《げんじつ》にする方程式《ほうていしき》　文庫版《ぶんこばん》

2022年4月20日　第1刷発行

著　者　　清水保夫
発行人　　久保田貴幸

発行元　　株式会社 幻冬舎メディアコンサルティング
〒151-0051　東京都渋谷区千駄ヶ谷4-9-7
電話　03-5411-6440（編集）

発売元　　株式会社 幻冬舎
〒151-0051　東京都渋谷区千駄ヶ谷4-9-7
電話　03-5411-6222（営業）

印刷・製本　シナジーコミュニケーションズ株式会社
装　丁　　弓田和則

検印廃止

ISBN 978-4-344-93906-6 C0095
幻冬舎メディアコンサルティングＨＰ
http://www.gentosha-mc.com/